공짜로는 알 수 없는 상향혼 비법

공짜로는 알 수 없는 상향혼 비법

이승주 지음

결혼으로 레벨업

프롤로그

나는 상향혼에
성공했다

'야, 너두 할 수 있어!'라는 영어교육 브랜드의 광고 문구를 기억하는가? 배우 조정석이 던지는 그 한마디는, 나도 모르게 학습지를 결제하고 싶게끔 만든다. 그런데 그보다 먼저 비슷한 메시지를 던진 제목이 있다. 2002년 미스코리아 진 금나나 씨의 책《나나 너나 할 수 있다》이다.

이 책은 원형탈모와 폭식증에 시달리던 한 과학고등학생이 경북대 의예과에 입학하고, 2002년 미스코리아 진에 오른 뒤, 미국 MIT와 하버드에 동시에 합격하기까지의 여정을 담았다. 성적이 바닥을 맴돌던 시절에서 세계 명문대 신입생으로 거듭나기까지의 과정은, 단순한 성공기가 아닌 '자신을 단련시킨 성장기'에 가깝다.

그리고, 금나나 씨는 자신보다 26세 연상인 레저개발 회장과 결혼했다. 수재인 그녀조차 자신보다 사회적·경제적 자원이 풍부한 남성을 배우자로 선택한 것이다. 그녀가 단순히 '재력'만을 보고 결혼했을까? 아니다. 이미 그녀는 스스로도 충분한 성취와 자원을 갖춘 사람이었다. 그렇다면 무엇이 그녀의 마음을 움직였을까. 아마도 연륜에서 오는 안정감, 세상을 바라보는 통찰력, 그리고 함께 성장할 수 있는 '그릇의 크기'가 아니었을까?

동시에 남성 역시 그녀의 지성과 전문성, 인품, 태도를 보았을 것이다. 결국 두 사람을 잇는 것은 돈이 아니라 가치관의 합, 비전의 합, 그리고 상호 존중의 합이었다.

나 역시 남편과의 만남은 우연이었지만, 결혼으로 이어질 수 있었던 것은 우리의 가치관이 닮아 있었기 때문이다. 남편이 단순히 경제적으로 여유로운 사람임을 넘어, 배울 점이 많은 사람이라는 것을 깨달았을 때 나는 그를 평생 존경할 수 있는 사람이라 확신했다. 그리고 그를 잃지 않기 위해 나 또한 그에 걸맞은 사람이 되기 위해 노력했다.

결국 상향혼을 원하는 사람에게 필요한 것은 두 가지다. 상향혼의 상대를 알아볼 수 있는 눈과 그가 호감을 느낄 때, 그 관계를 지속시킬 지혜와 내면의 힘이다.

그리고 상향혼은 결혼식장에서 끝나는 이야기가 아니다. 결혼 이후에도 사랑하는 배우자와 함께 행복한 시간을 보내고 서로 존중하며 동시에 사랑하는 삶을 살아가야 한다. 상향혼은 단순히 더 나은 사람을 만나는 일이 아니라, 더 나은 나 자신이 되어가는 과정임을 잊지 말라.

차례

프롤로그 : 나는 상향혼에 성공했다   004

PART 1
모두가 사실은 상향혼을 원한다

1장	상향혼이란 무엇인가	013
2장	상향혼은 이 시대가 평등하다는 증거	021
3장	남성들도 상향혼을 꿈꾼다	025
4장	상향혼을 원하는 자, 그 무게를 견뎌라	030
5장	상향혼은 서로 다른 사랑을 이해하는 기술	036
6장	상향혼에 성공한 여성들	043

PART 2
상향혼으로 레벨업에 성공하려면

7장	나의 약점을 강점으로 바꾸기	053
8장	이상적인 페르소나 정의하기	063
9장	예쁘지 않아도 괜찮다	068
10장	상향혼의 4단계 전략 매뉴얼	075
11장	상향혼 상대자를 찾는 방법	080
12장	그 사람에게 흠뻑 빠져라	090
13장	그와 동등해지기 위해 노력하라	095
14장	상대의 동정을 거부하지 마라	100
15장	'결혼'이라는 말을 쓰면 남성은 겁먹는다	106

PART 3
결혼 이후 상향혼의 여정을 관리하라

16장	결혼 후부터는 나의 시간임을 기억하라	115
17장	결혼의 범주 안에서 상향혼을 이해하라	123
18장	상향혼 이후 주변에 대처하는 자세	129
19장	경제적으로 자립하는 멋진 엄마 되기	133
20장	상향혼이 내게 가져다준 가치	138

부록 : 상향혼은 곧 '집짓기'다 — 142

에필로그 : 이제 엄마에게 드라마를 선물할 차례 — 148

PART 1

모두가 사실은 상향혼을 원한다

# 1장

상향혼이란 무엇인가

상향혼의 정의

먼저, 상향혼이란 무엇일까? 최신 버전의 인공지능은 이렇게 답한다.

"상향혼이란 결혼에서 자신보다 사회적·경제적 지위, 학력, 직업, 재산, 신분 등이 더 높은 상대와 맺는 혼인을 뜻합니다. 흔히 말하는 '더 좋은 조건의 배우자와의 결혼'입니다."

AI의 정의는 단순하지만, 그 안에는 현대 사회의 냉정한 현실이 녹아 있다. 법적 신분제는 사라졌지만, 실제로 '조건'은 여전히 경제력과 사회적 영향력으로 수렴된다. 사회가 인정하는 힘의 지표가 그것이기 때문이다.

하지만 모든 사람이 경제력을 인생 최고 가치로 두는 것은 아니다. 예를 들어 고민정 국회의원은 아나운서 시절, 시인 조기영 씨와 결혼했다. 당시 많은 동료들이 재력가와 결혼하던 분위기 속에서 그는 '돈보다 정신의 품격'을 선택했다. 이것이 진짜 상향혼이다.

상향혼은 단순히 '부자와 결혼하는 것'이 아니라, 내가 중요하게 여기는 가치에서 나보다 높은 수준의 사람을 선택하는 일이다.

상향혼의 기준은 '남의 스펙'이 아니라 '나의 가치'

상향혼의 기준은 단순히 스펙이 아니다. 무엇이 상향혼의 기준인지 알려면 내 인생에서 가장 우선하는 가치가 무엇인지부터 정해야 한다. 그 기준이 분명해질 때, 비로소 '상향'의 방향이 선명해진다. 후회 없는 결혼은 '나를 아는 사람'에게만 주어진다.

많은 사람들이 상향혼을 비판하는 이유는 단순하다. 그들의 머릿속에는 여전히 '상향 = 돈'이라는 공식이 자리 잡고 있기 때문이다. 하지만 상향혼의 본질은 부가 아니라 '가치의 위계'다.

상향혼은 곧 '가치의 선택'이다. 경제력, 지적 깊이, 감정적 성숙, 건강한 자기관리, 책임감, 신념 등 인생에서 가장 중요하게 여기는 가치의 축을 세우고, 그 축에서 나보다 한 단계 높은 사람을 만나는 일이다.

상향혼은 속물이 아니라 '전략'이다

영화 〈머티리얼리스트〉(물질주의자라는 뜻)의 주인공 루시는 결혼 상대로 어떤 남성을 원하느냐는 질문에 이렇게 답한다. "부자요." 또 다른 조건은 무엇인지 묻자 루시는 다시 이렇게 이야기한다. "반드시 부자일 것."

요즘은 남녀 모두가 물질적 안정에 대해 솔직하다. '물질주의자'라는 말조차 더 이상 부끄럽지 않은 말이 됐다. 그럼에도 이 영화가 관객에게 와닿지 않았던 이유는 무엇일까? 그 이유는 명확하다. '부자와 결혼하고 싶다'는 욕망만으로는 너무 단순하기 때문이다.

"결혼하고 싶다"는 말에는 훨씬 복잡한 욕망이 깃들어 있다. 남성에게 결혼이 종족 번식이든 섹

스든 본능의 연장선이라면, 여성에게 결혼은 삶의 방식과 가치관의 선언이다. 그래서 여성은 배우자의 경제력을 당연한 전제로 본다. 그것이 속물이어서가 아니라, '현실을 아는 어른의 판단'이기 때문이다.

그럼에도 세상은 그런 여성을 여전히 '속물'이라 부른다. SNS에서 상향혼을 했다고 밝힌 여성들이 악플의 대상이 되는 이유다.

그러나 질문을 한번 바꿔보자. 그녀들이 정말로 '돈만 보고' 결혼했을까?

상향혼의 진짜 비밀 '프로페셔널함'

호주의 슈퍼모델 미란다 커는 상향혼의 대표적 사례다. 그녀는 '스냅챗' 창업자이자 세계 최연소 억만장자 중 한 명인 에반 스피겔과 결혼했다. 당시 그녀 또한 전 세계적으로 부와 명성을 거머쥔 슈퍼모델이었다. 하지만 그녀는 자신보다 더 큰 규모의 부와 영향력을 가진 '신흥 재벌' 남성을 선택했다. 미란다 커가 사랑 없이 오직 경제력만 보고 그 남성을 선택했을까?

이미 전남편 올랜도 블룸과의 사이에 아이가 있던 그녀는, 아버지로서 존경할 수 있는 남성인지 보고 선택했을 것이다. 결혼 후 그녀는 세 명의 아들을 더 낳았고 여전히 안정적으로 살고 있다. 단순한 '조건 맞추기'였다면 불가능했을 일이다.

경제력은 기본 중의 기본이다. 그렇다면 경제력을 기본으로 삼았을 때 사랑할 만한 상대자를 고르고 그에게 사랑받고, 또 교감이 되어 결혼까지 성공하는 것에는 경험하지 못한 사람들은 모르는 무엇인가가 있다. 바로 그것이 그녀가 상향혼에 성공할 수 있었던 숨겨진 비법이다.

그녀의 성공 비결은 바로 '프로페셔널함'이다. 자기 일에 대한 확신, 일상에서 드러나는 품위, 그리고 상대에게 신뢰감을 주는 태도. 이것은 재력보다 강력한 매력과 설득력을 발휘한다.

드라마 〈김비서가 왜 그럴까〉의 주인공처럼, 상향혼의 문을 여는 열쇠는 '자신의 일을 잘해내는 태도'다. 그리고 그 이면에는 철저한 자기관리, 감정의 절제, 자기 가치를 높이기 위한 꾸준한 노력이 있다. 프로다운 여성은 상대방에게 신뢰, 품격, 안정감을 준다. 그것이 사랑으로 발전할 가능성을 만든다.

그럼에도 여전히 상향혼에 성공한 그녀들이 속물적이고 계산적으로 보이는가? 하지만 당신도 내심 그 주인공이 되고 싶지는 않은가? 이 책을 읽으면 상향혼의 깊숙하고 내밀한 속사정을 알 수 있다. 그리고 마치 상향혼의 과정 속에 있는 듯한 느낌을 받을 수 있다. 무척 생생하기 때문이다. 나는 실제로 상향혼에 성공했고, 그래서 누구보다 현실적이고 구체적인 이야기를 들려줄 것이다. 이 책을 덮을 즈음이면, 여러분도 상향혼의 본질이 '조건'이 아니라 '성장'임을 깨닫게 될 것이다.

자, 준비되었는가? 이제 당신도 상향혼의 주인공이 될 차례이다.

Key Point

- 상향혼은 '부'가 아니라 '가치의 상승'이다.
- 상향혼은 현실을 인정하고, 나의 삶을 더 좋은 방향으로 설계하는 전략적인 선택이다.
- 자기 일에 대한 확신, 신뢰, 품격이야말로 최고의 매력이다.

상향혼은 단순히 '부자와 결혼하는 것'이 아니라,
내가 중요하게 여기는 가치에서
나보다 높은 수준의 사람을 선택하는 일이다.

2장

상향혼은 이 시대가 평등하다는 증거

상향혼은 평등의 산물이다

2022년 발표된 논문인 〈자녀의 결혼 유형에 영향을 미치는 부모의 사회경제적 자원 효과〉(한국가족학회)는 흥미로운 사실을 보여준다. 고소득층과 저소득층 양극단에서 소득 동질혼이 증가할수록, 사회 전반의 가족 간 불평등이 심화된다는 것이다. 특히 상층 집단 내부에서 동질혼이 확산될수록 불평등이 더 공고해지며, 결과적으로 사회적 격차가 세습되는 구조를 강화한다고 지적한다.

이 관점에서 보면, 상향혼을 단순히 개인의 욕망이나 속물적 선택으로 치부할 일이 아니다. 오히려 현대 사회가 과거보다 얼마나 평등해졌는지를 보여주는 사회적 지표라고 할 수 있다.

불과 100년 전만 해도 결혼은 같은 계층, 같은 신분 안에서만 가능했다. 소설 《토지》의 서희와 길상, 드라마 〈미스터 션샤인〉의 유진 초이와 애기씨처럼 사랑은 신분의 벽 앞에서 힘없이 무너지곤 했다. 그 시절 상향혼은 법과 관습이 금지한 영역이었다.

그러나 지금은 다르다. 출신과 배경, 조건을 뛰어넘어 서로 다른 계층이 연결될 수 있는 시대다. 이제 상향혼은 더 이상 금단의 영역이 아니라 평등 사회가 만들어낸 '시대가 허락한 기회의 확장'이다.

나아가 상향혼을 바란다는 건 단지 부유한 배우자를 만나겠다는 얄팍한 욕망이 아니라 더 넓은 세상을 보고 싶다는 의지, 더 큰 무대에서 자신을 증명하고 싶다는 야망을 뜻한다. 상향혼을 꿈꾸는 것은 더 나은 삶을 향해 자신을 업그레이드하려는 선언이다.

욕망은 나를 더 낫게 만드는 원동력이다

욕망은 곧 에너지다. 욕망은 사람을 공부하게 하고, 운동하게 하고, 세련되게 만든다. 그리고 결국 그 에너지가 나를 전혀 다른 세계로 이끈다.

상향혼을 욕망하는 지금, 당신은 이미 변화를 향해 한 걸음 나아간 셈이다. 상향혼을 부끄러워할 이유는 없다. 당당하게 말하지 못하는 그들이야말로 부끄러워해야 한다. "나는 상향혼을 바라지 않는다. 나를 사랑해주는 사람이라면 충분하다." 그럴듯한 말 뒤에 숨어 있는 것은 종종 위선과 체념이다. 상향혼은 더 나은 환경에서 더 단단한 자신으로 살아가겠다는 선택이다. 상향혼을 꿈꾼다면 그 욕망을 숨기지 말고 제대로 활용하라.

Key Point

- 상향혼은 금단의 사랑이 아니라 시대가 허락한 평등의 증거다.
- 상향혼을 욕망하는 순간, 당신은 이미 변화의 궤도 위에 서 있다.

상향혼을 꿈꾸는 것은

더 나은 삶을 향해

자신을 업그레이드하겠다는 선언이다.

3장

남성들도 상향혼을 꿈꾼다

상향혼을 꿈꾼다면, '결혼=필수'라는 착각부터 버려라

한국 남성이 상향혼을 꿈꾼다면 관점 자체를 바꾸어야 한다. 상향혼 상대자인 여성들에게 결혼은 절대적 필수 조건이 아니다. 여성들은 나이가 들수록 혼자 사는 게 더 편하다. 오죽하면 나이 오십에 과부가 되는 건 전생에 나라를 구해서라는 말도 있겠는가. 그렇다면 남성들은 상향혼을 할 수 없는 걸까? 젊고 잘생긴 남성이 아니라면, 부자 마누라를 만나는 건 꿈도 못 꿀 일인 걸까?

상향혼의 기회는 '해외'에 있다

답은 '해외'에 있다. 인서울 4년제 대학을 나왔지만 170cm로 평균보다 작은 키에 외모도 평범했던 B씨는 태국을 여행하며 태국 회사에 입사하게 되었다. 그리고 10년째, 태국에서 왕자님처럼 살며 여러 부잣집 태국 여성들과 연애를 즐기고 있다.

다음은 베트남 주재원 C씨. 그는 국내의 모 대기업 신입사원이었다. 해외 파견 근무가 많은 회사의 특성상 입사하고 1년 차 때 바로 베트남 주재원으로 나갔다. C씨는 그곳에서 근무하며 인근의 사업가들과 교류하게 되었고 굴지의 제분회사 딸과 백년가약을 맺었다. 이제는 회사도 그만두고 호의호식하며 산다고 한다. 건너 들은 이야기니 너무 심각하게 생각하지는 말고 이런 경우도 있다더라 하는 정도로 받아들이길 바란다.

한국에서 자신의 진가를 알아보지 못하는 여성들을 원망하며 사는 대신, 해외로 눈을 돌려 한국이 만들어낸 허황된 조건들을 벗어나 자신을 진짜 남성으로 봐줄 사람을 찾는 것도 방법이다. 동남아 부잣집 딸이 아니라 서양 최고 미인을 얻을 수도 있지 않은가?

한국 여성을 원한다면
'조건'보다 '공감'을 공략하라

그래도 정 한국인 여성을 만나야겠다면 조건으로 등급을 나누는 결혼 시장에서 잠시 발을 떼라. 상향혼 상대자에게 자신의 목적, 즉 결혼을 바로 말하는 것은 패를 다 보이는 것이다. 일단 그 사람을 나의 매력에 푹 빠지게 한 뒤 매일 나와 함께하는 방법이 결혼뿐임을 인식하게 만들면 된다. 그러려면 스포츠 동호회가 좋다. 그녀의 부족한 부분을 채울 수 있는 수단이 존재하기 때문이다. 테니스, 볼링, 자전거 등등 모든 게 완벽한 그녀에게 부족한 부분을 채워주는 것이 당신이 할 수 있는 일이다.

모든 것이 완벽한 그녀에게 채워줘야 할 또 다른 것, 무엇일까? 그건 바로 '외로움'이다. 여러분은 100점짜리 여성에게 딱 한 가지 부족한 그것을 채워줄 구원자다. 모든 것을 다 가졌어도 자기 자신만을 사랑해줄 남성을 찾는 것이 여성의 본능이다. 하지만 여기서 그녀를 사랑하는 척 꼼수를 부릴 생각은 하지 말길 바란다. 혹여나 거짓으로 그녀를 사랑하는 척 하려는 생각이었다면 그 생각을 싹싹 지워버리길 바란다. 아주 한 글자도 남김없이 싹싹 지워야 할 것이다. 그녀의 마음을 얻는 가장 확실한 방법은 '진심'이니, 무엇보다 나의 진심이 동할 수 있는 상대여야 한다. 재력보다 감정의 진정성이 강력한 무기가 될 수 있음을 잊지 말라.

Key Point

- 상향혼은 '관점의 전환'에서 시작된다.
- 한국의 기준에 갇히지 말고, 세상의 룰이 다른 곳으로 눈을 돌려라.
- 해외든 취미 모임이든 당신의 매력이 작동할 새로운 무대를 찾아라.
- 그녀의 부족한 한 조각, '외로움'을 채워주는 것이야말로 최고의 경쟁력이다.

모든 것을 다 가졌어도

자신만을 사랑해줄 남성을 찾는 것이

여성의 본능이다.

4장

상향혼을 원하는 자, 그 무게를 견뎌라

요정을 기다리는 게 아닌, 스스로 궁전으로 향하는 여성

이 책을 펼친 당신은 이미 신데렐라보다 한 수 위다. 신데렐라는 그저 재투성이 신분으로 살다가 운 좋게 요정을 만나 궁전으로 '실려' 갔지만, 상향혼을 꿈꾸는 여러분은 운을 스스로 만들어내어 궁전으로 향하는 사람이 될 테니까.

수동적으로 요정을 기다리는 게 아니라 말이 없다면 빌려서라도 타는 사람. 승마복을 빌려 입고 직접 고삐를 잡는 사람. 이런 의지를 가진 이들만이 바로 '상향혼'에 성공한다.

사람은 결국 끼리끼리 만난다는 말, 정말 싫지 않은가? 그 순리를 끊어내는 용기, 그 익숙함을 벗어나려는 결심이 상향혼의 첫 단추다. 요정을 기다리는 게 아니라 말을 잡고 직접 달려갈 각오를 다지는 것. 그것이 상향혼을 기대하는 사람이 지녀야 할 자세다.

상향혼은 행복의 반대말이 아니다

사람들은 묻는다. "상향혼을 한 사람들은 정말 행복할까?" 내 대답은 단호하다. 행복하다. 그리고 대부분의 경우, 하향혼보다 훨씬 더 행복하다.

상향혼 부부는 '서로가 선택한 이유'를 명확히 알고 있다. 상향한 쪽은 노력으로 얻은 안정감에 만족하고, 받아들인 쪽은 신뢰할 만한 동반자를 얻었다는 안도감을 느낀다.

반면 하향혼은 흔히 불균형 속에서 균형을 찾으려 애쓴다. 사랑의 콩깍지가 벗겨지면, 감수했던 작은 단점이 곧 결혼 생활을 흔드는 큰 결핍으로 변해 당신을 괴롭히고 내면을 공격한다. "처음엔 괜찮다고 생각했는데…"로 시작하는 문장은 대부분

하향혼에서 나온다.

상향혼에 성공한 사람은 상향혼을 '포기'한 사람이다

상향혼에 성공한 사람은 역설적으로 '상향혼을 포기한 사람'이다. 즉, 더 나은 상대를 끝없이 기다리는 환상에서 벗어난 사람이다. 상향혼도 결국 결혼이다. 결혼은 인생을 함께할 사람을 선택하는 일이고, 그 바탕에는 반드시 '사랑'이 있어야 한다. 이 책은 상향혼 상대와 '사랑'할 수 있는 나 자신을 만드는 비법에 관한 이야기다.

 그러니 만약 이미 사랑하고 있다면, 더 큰 욕심은 내려놓자. 더 높은 조건, 더 완벽한 상대를 향한 갈망은 결국 욕심이고, 그 욕심이 현재의 행복을 갉아먹는다. 행복하려고 상향혼을 꿈꾸는 것 아닌가? 더 좋은 집, 더 비싼 차, 더 여유로운 삶은 결국 행복의 다른 이름일 뿐이다. 아직 나타나지도 않은 사람을 위해 지금 내 옆의 사랑을 놓치는 것만큼 어리석은 일도 없다. 상향혼의 목적은 행복이지 스펙 경쟁이 아니다.

상향혼은 나의 성장의 결과물이다

상향혼을 동경하는 사람은 많지만 그 무게를 끝까지 견디는 사람은 드물다. 그 무게는 '조건의 무게'가 아니라 '성장의 무게'다. 상향혼은 단순히 더 나은 사람을 만나는 일이 아니라, 그 사람의 세계와 보폭을 맞추기 위해 끊임없이 나 자신을 확장해야 하는 여정이다.

상향혼의 진짜 어려움은 외부의 편견이나 주변의 시선이 아니다. 그보다 더 무서운 건 스스로에게 거는 기대와 압박이다. "이 정도면 충분하다"는 안일함을 허락하지 않는 결혼, 그것이 바로 상향혼의 현실이다. 상대가 당신을 높이 평가할수록 그 기대에 부응해야 한다. 그의 세계에 맞춰 나를 세련되게 다듬고, 대화의 깊이·태도의 품격·감정의 절제까지 모든 순간 나를 '관리'해야 한다.

그래서 상향혼은 노력으로 쌓아 올리는 '성장의 결과물'이다. 그러니 이 책을 읽는 분들께 말하고 싶다. 그 성장의 무게를 묵묵히 견디는 사람만이 진짜 왕자의 무도회에 들어갈 자격이 있다고 말이다.

Key Point

- 상향혼은 요정을 기다려서 얻는 게 아니라, 스스로 고삐를 잡아 성취하는 것이다.
- 상향혼은 현실적 안정과 감정적 만족을 함께 가져온다.
- 상향혼은 끊임없이 자신을 단련해 얻어낸 '성장의 결과물'이다.

상향혼에 성공한 사람은
역설적으로 '상향혼을 포기한 사람'이다.

5장
상향혼은 서로 다른 사랑을 이해하는 기술

상향혼의 주도권은 언제나 '상대방'에게 있다

결혼의 전제 조건은 사랑이다. 그리고 조건에 맞는 사람이 당신을 사랑해야 결혼이 성립한다. 이 단순한 문장을 자세히 분석해보자.

'당신의 조건'에 맞는 사람이 당신을 '사랑해야' 비로소 상향혼이 성립한다.

그렇다면 이 문장을 현실로 성립시키기 위해 할 수 있는 일은 무엇일까? 하나, '조건'을 정할 수 있다. 둘, 언제 '사랑받는다는 느낌'을 받는지 스스로 정할 수 있다. 그 외에는 모두 당신의 통제 밖이다.

즉, 상향혼의 주도권은 '상대방'에게 있다. 이 사

실을 명심하라. 그러나 여러분은 저 두 가지를 정할 수 있다. 결혼을 성공으로 이끄는 견인마차가 무엇인지, 그 안에서 나는 어떤 걸 할 수 있는지 그 '관계의 역학'을 정확히 이해하고 조율할 줄 알아야 상향혼에 성공할 수 있다.

그럼 이제, 우리가 할 수 있는 두 가지를 해보자.

조건의 우선순위를 세워라

먼저, 상향혼 상대자의 조건을 정할 때는 반드시 우선순위를 매겨야 한다. 내게 가장 중요한 가치가 무엇인지 명확히 하는 것이다.

나에게는 그것이 '경제력'이었다. 그런데 '경제력'은 상대적으로 모호한 개념이니 보다 구체적으로 정할 필요가 있다. 얼마나 부자여야 할까? 결혼 전, 나는 내 미래 배우자가 반드시 가져야 할 조건을 이렇게 정했다. 첫째, 카투사 출신일 것. 둘째, 나보다 좋은 학교를 다닐 것. 셋째, 나보다 스무 배 비싼 집에 살 것. 넷째, 사업하는 집안일 것.

지금 보면 조금 단순하고, 어쩌면 귀엽기까지 한 기준이었다. 하지만 그 당시의 나에게는 명확한 목표이자 현실적 잣대였다. 이러한 구체적인 목표가 있었기에 나는 그 조건을 충족할 사람을 정확히 알아보고 기회가 왔을 때 놓치지 않을 수 있었다.

내가 원하는 사랑의 방식을 제안하라

두 번째로, 우리가 주체적으로 할 수 있는 것은 '언제 사랑받는다고 느끼는지'를 아는 일이다. 상향혼 상대자와 당신은 전혀 다른 환경에서 살아온 사람이다. 그러니 사랑을 표현하고 받아들이는 방식이 같을 리 없다. 그가 보여주는 애정이 나의 기준에 딱 맞지 않더라도, 그것이 '사랑하지 않음'의 신호는 아니다.

예를 들어, 그는 매일 아침 "사랑해"라는 문자를 보내는 대신, 당신이 푹 잘 수 있도록 연락을 자제할 수도 있다. 둘 중 어느 쪽이 더 따뜻하게 느껴지는지는 여러분의 선택이다. 사랑의 언어는 다양하다.

한 친구의 이야기를 해보자. 성욕이 강한 남자친구와 사귀던 그녀는, 그가 자신을 사랑해서 만나는 건지 아니면 단지 욕망 때문인지 혼란스러웠다고 한다. 그래서 실험을 했다. "앞으로 한 달에 한 번만 관계하자"고 제안한 것이다. 이유를 묻는 그에게 그녀는 솔직히 털어놓았고, 그는 이해하겠다고 했다. 하지만 그 약속은 2주도 가지 못했다.

그녀는 그때 깨달았다. 그에게 '섹스'는 단순한 욕망이 아니라 가장 직접적이고 확실한 사랑의 표현 방식이었다는 것을.

여성은 흔히 "너무 자주 하면 그가 질리지 않을까?"를 걱정한다. 반면 남성은 "그녀가 나를 거부하는 건, 나를 덜 사랑해서가 아닐까?"라며 상처받는다. 표현 방식이 다를 뿐 애정의 크기는 같다.

따라서 '관계를 줄이는 것'보다 '다른 방식의 애정 표현'을 제안하는 편이 훨씬 현명하다. 예를 들어, 잠자리 후 꼭 안아달라거나 마지막엔 깊은 키스로 여운을 남겨달라 요청하는 것이다. 그가 해줄 수 있는 선에서 내가 바라는 사랑을 구체적으로 표현하라. 그가 마음껏 본인만의 방식으로 사랑을 표현했듯 당신도 있는 힘을 다해 사랑을 갈구하라. 당신도 그에게 요구할 권리가 있다. 그렇게 서로의 언어를 맞춰갈 때 사랑과 신뢰가 더욱 깊어진다.

그가 사랑을 표현하는 방식도 존중하라

마찬가지로 상향혼 상대자가 사랑을 표현하는 방식도 존중해야 한다. '이 사람이 내 상향혼의 상대'라는 확신이 든다면, 이제는 그의 방식 속으로 한 걸음 들어가야 한다. 그것이 그의 세계로 진입하는 첫 번째 관문이다. 만약 그 세계의 언어를 이해할 수 없다면, 그와의 결혼은 애초에 지속되기 어렵다. 상향혼 상대자는 대체로 감정보다는 '행동'으로 사랑을 표현한다. 직접적인 표현 대신 상대의 삶을 더 안락하게 만들기 위해 실질적인 도움을 주는 사람들이다.

"사랑해"라는 말 대신 은근히 당신의 안전을 챙기고, 필요한 걸 미리 준비해놓는 사람일 수 있다. 생일에 장문의 편지를 쓰기보다 피로를 덜어줄 스파 예약을 해두는 식이다. 감정의 언어가 아닌 '배려 섞인 행동으로' 사랑을 표현한다.

물론 이런 방식이 처음엔 낯설고 감정적으로 부족하다고 느껴질 수 있다. 그러나 그의 언어를 있는 그대로 받아들이려는 시도가 결국 당신을 더 행복하게 만들 것이다.

Key Point

- 상향혼의 주도권은 상대에게 있지만, 우리는 그 안에서 조건을 세우고 방식을 정의할 수 있다.
- 사랑의 표현 방식은 사람마다 다르다. 그 차이를 존중해야 행복한 관계가 성립한다.

'이 사람이 내 상향혼의 상대'라는
확신이 든다면,
그의 방식 속으로 한 걸음 들어가야 한다.

6장

상향혼에 성공한 여성들

파리에서 도시락을 팔던 여성, 켈리 최

《웰씽킹》의 저자이자 성공한 여성 CEO, 켈리 최 회장도 상향혼의 대표적인 사례다. '파리에서 도시락을 파는 여성'으로 잘 알려진 그녀는, 사실 그 과정에서 결혼이라는 중요한 선택을 통해 인생의 전환점을 맞았다.

파리에서 사업 실패로 절망의 나날을 보내던 그녀는 어느 날 결심했다. "엄마를 생각하며 다시 일어서자." 그리고 사업 재기를 위해 선택한 첫 번째 전략이 '결혼'이었다. 프랑스에서 사업을 성공적으로 이어가려면 프랑스 국적이 필요하다고 판단한 것이다.

그녀는 키가 크고 미혼인 프랑스 남성을 만나 단 3개월 만에 결혼했다. 이후 슬하에 딸을 두었고, 프랑스와 한국을 오가며 자기계발 분야의 인기 저자가 되었으며, 유럽 전역에서 안정적인 사업을 꾸렸다.

켈리 최 회장의 결혼은 이기적인 거래가 아닌 전략적 선택이었다. 그녀는 결혼을 통해 자신이 진입할 수 없던 세계의 문을 열었고, 그 문 안에서 자신의 경쟁력을 증명했다. 결혼이 '성장의 도구'가 된 셈이다.

할머니의 대담한 거짓말

한 지인은 할아버지가 돌아가신 뒤, 할머니에게서 충격적인 고백을 들었다고 했다. 젊은 시절 할아버지는 그 옛날 용산에 몇 천 평의 땅을 가진 집안의 아들이었다고 한다. 반면 할머니는 지독히 가난한 소녀였다. 그 시절, 어린 소녀가 가난을 탈출할 수 있는 방법은 결혼뿐이었다.

어느 날, 동네에 소문이 돌았다. 그 부잣집 총각이 결혼을 위해 선을 본다는 것이었다. 할머니는 가까스로 그 자리에 끼게 되었고, 여덟 명의 후보 중 한 명이 되었다. 그런데 그때 할머니의 나이는 열네 살. 어떻게 결혼할 수 있었을까?

그녀는 자신을 스물두 살이라고 속였다. 열네 살의 앳된 얼굴인데 나이는 스물두 살이라고 하니, 여덟 명의 여성들 중에 단연 돋보일 수밖에. 할아버지는 여덟 명의 여성들 중에 가장 예쁘고 어려 보이는 할머니를 선택했다. 할머니는 그걸 할아버지가 돌아가실 때까지 절대 말하지 않았고, 할아버지가 돌아가시고 나서야 가족들에게 털어놓았다고 한다.

"그건 사랑이 아니라 좋은 거래였어."

홍콩 출신 미국인 코미디언 지미 양은 아버지에게 물었다. "아버지는 아직도 어머니를 사랑하세요?" 그러자 아버지는 웃으며 대답했다. "사랑? 품, 너희 엄마는 중국 공산주의에서 탈출하려고 나랑 결혼한 거야. 사랑이 아니라 좋은 거래였지."

하지만 그 거래는 38년째 이어지고 있었다. 아버지는 여전히 어머니 옆에 있었고, 두 사람은 평생을 함께했다. 사랑은 반드시 낭만적인 언어로만 증명

되지 않는다. 서로에게 필요한 것을 주고받으며 오래 지속되는 관계, 그것이 진짜 사랑의 형태일지도 모른다.

드라마 〈블랙의 신부〉에서 결혼정보회사 대표는 이렇게 말한다. "사랑하는 사람에게서 조건을 찾지 마십시오. 조건이 좋은 사람에게서 사랑을 찾으십시오."

조건이 좋은 사람에게서 사랑을 찾는 건 자신을 지키는 효율적인 방법이며 현명한 선택이다. 지미 양의 어머니도 목적은 '공산주의 탈출'이었지만, 그녀를 구할 수 있는 수많은 미국인 남성 중에서도 '아버지'를 택했다. 이것이 사랑이다. 지미 양의 어머니가 아버지를 사랑했는지 안 했는지는 지미 양의 아버지가 잘 알 것이다. 지미 양의 아버지는 어머니를 중국에서 탈출시켜 주는 것으로 사랑을 표현했고, 지미 양의 어머니도 그 사랑에 사랑으로 보답했다.

숟가락 두 짝으로 시작한 상향혼, 행복한 결혼 생활

25살에 결혼한 K양. 그녀는 넉넉지 않은 형편이었지만 영어를 좋아해 본거지인 인천을 떠나 부산에 있는 외국어대학교 영어과에 입학했다. 타고난 인기녀의 자질을 갖춘 그녀는 큰 키와 작은 얼굴, 누구도 미워할 수 없는 매력적인 웃음을 트레이드마크로 대기업 자회사에 취업했다. 그리고 직장인 밴드 동호회에서 대한민국 최고의 공기업인 한국전력공사에 다니며 당시 연봉이 1억에 가까웠던 한 남성을 만나 3개월 만에 결혼에 성공했다. (연봉이 1억인 것은 신랑의 나이와 직장의 특수성을 고려한 작가의 개인적인 추측이다.)

직장을 다닌 지 3개월밖에 안 되었고, 학자금 대출이 있었으며, 당시 부모님은 그녀의 결혼자금을 도와줄 형편이 되지 않았다. 그녀는 정말 숟가락 두 짝만 가지고 결혼한 것이다. 관사가 제공되었기에 그녀의 남편도 집을 장만할 필요가 없기는 했다. 결혼 후 그녀는 해외여행을 신혼여행으로 처음 가 봤다고 한다. 결혼을 하고 나서 남편이 가족 해외여행을 아무런 고민 없이 예약하는 것을 보고 상당한

충격을 받았다고 한다.

 나만큼 남편에게 꿀리고 싶지 않았던 그녀는 두 딸을 어느 정도 키운 후 언어치료사가 되기 위해 대학원에 입학했다. 현재는 독서모임 운영자, 영어 선생님, 운동전도사가 되어 하루하루 행복하게 살고 있다. 그녀의 남편은 자신이 그녀와 상향혼을 한 것이라며 그녀 덕분에 자신의 인생이 더 풍요로워졌다고 매일 이야기한다.

상향혼의 본질

켈리 최는 결혼을 통해 세상으로 나아갈 문을 열었고, 지인의 할머니와 지미 양의 어머니는 절실함으로 인생의 신분을 바꿨고, 그 선택이 평생의 동반으로 이어졌다.

 그들은 모두 현실을 인정했고 그 현실 속에서 자신에게 가장 유리한 길을 선택했다. 그리고 그 선택을 끝까지 책임졌다. 자신의 삶을 더 나은 방향으로 설계하는 지혜, 이것이 상향혼의 본질이다.

Key Point

- 사랑은 때로 '좋은 거래'의 형태로 존재한다.
- '조건이 좋은 사람에게서 사랑을 찾는 것'은 현명한 행동이다.

서로에게 필요한 것을 주고받으며

오래 지속되는 관계,

그것이 진짜 사랑의 형태일지도 모른다.

PART 2

상향혼으로 레벨업에 성공하려면

7장

나의 약점을 강점으로 바꾸기

SWOT으로 자기 진단

상향혼에 성공하려면 먼저 자신을 파악해야 한다. 그런데 우리는 이미 회사에서 친구 사이에서 끊임없이 평가당하지 않는가? 남에게 평가받는 것도 지겨운데 스스로 또 평가하라니, 가혹하게 느껴질 수도 있다.

그래서 내가 제안하는 방법은 최대한 무덤덤하게 지금의 나를 '적어 내려가는 것'이다. 누구와도 비교하지 말고, 나를 이루는 요소를 담담히 기록해보라.

이때, 상향혼을 위한 SWOT 분석이 필요하다. SWOT(Strength/Weakness/Opportunity/Threat) 분석은

원래 기업이 시장에서의 위치를 점검하고 성장 전략을 세울 때 사용하는 마케팅 도구다. 이 방법을 '나'라는 브랜드에 적용하면 상향혼 시장에서의 위치를 냉정하고 전략적으로 이해할 수 있다.

상향혼을 꿈꾸는 순간, 당신은 하나의 '상품'이 된다. 이 말이 불편하게 들릴 수도 있다. 하지만 솔직히 말하자면 결혼은 사랑이라는 포장 속에 진행되는 '가치 교환의 시장'이다. 그렇다고 해서 사랑이 없는 거래를 하라는 뜻은 아니다. 나의 가치를 사랑해줄 상향혼 상대자를 찾기 위해 내 가치가 무엇인지 알아야 한다. 그래야 거래에서 유리한 위치를 선점하고 그 사람이 내 이상형에 부합하는지 안 하는지 알 수 있다.

먼저 강점인 S(Strength)는 상향혼 시장에서 상대가 나를 택할 이유가 되는 '핵심 매력 포인트'다. 나의 강점을 '자기 관점'이 아닌 '그 사람의 니즈'에서 찾아보자. 그것은 단순 스펙이 아닌 배우자로서의 안정감과 인생의 여정을 함께할 가능성이다. 당신에게서 '함께 가정을 이룰 가능성'을 발견하도록 좀 더 미래지향적이고 현실적인 장점들, 예를 들면 꾸준히 일하는 태도, 전문성, 안정된 정서, 위기 대처 능력, 대화의 품격, 유머, 사소한 것까지 챙기는 센

스, 삶의 균형감, 자기관리 루틴 등을 적어보라. 그리고 이를 말이 아닌 은근한 행동으로 지속해서 보여주어라.

그다음으로 약점인 W(Weakness)는 개선이 필요한 요소다. 그가 당신과의 결혼을 주저하게 될 만한 요소는 무엇인가? 언행이 불일치하는 데서 오는 신뢰감 결여일 수도 있고 불안정한 직업, 허영과 허세, 심한 감정 기복, 타인과의 비교에 민감한 태도 등일 수도 있다. 이런 걸 무작정 감추려 하기보다 '재해석해' 전달하라. 이게 무슨 말이냐면, 불안정한 직업을 '더 높은 성취를 위해 도전하는 성장 단계'로, 허영심을 '더 나은 삶을 추구하는 열망'으로, 열등감을 '끊임없이 자기계발을 이어가는 원동력'으로 꾸미는 것이다.

즉, 약점이 드러날 수밖에 없는 순간에도 그것을 '이해 가능한 서사'로 보이게 만드는 것이 핵심이다. 이것이 바로 '리스크를 매력으로 전환하는 기술'이다.

세 번째로 기회인 O(Opportunity)는 '나를 노출시키고 상대와 연결될 수 있는 접점'이 될 만한 요소다. 이때 중요한 건 우연을 가장한 '루틴화'된 노출이다. 매주 일정한 장소에 꾸준히 등장하라. 전문성을 공유할 수 있는 직무 세미나나 스터디 모임, 포럼, 독서모임, 봉사활동 장소 등이 될 수 있다. 앞서 말한 나의 강점을 자연스럽게 드러낼 수 있는 장소면 어디든 좋다. 여러분의 꾸준한 태도를 보며 그는 '이 사람이라면 함께할 수 있겠다'는 확신을 얻을 것이다.

마지막으로 위협인 T(Threat)는 편견, 지위의 격차, 주변의 오해 같은 상향혼을 방해하는 위험 요소다. 가장 흔한 위협은 '골드 디거(Gold digger)'라는 낙인이다. '골드 디거'란 직역하면 '금을 캐는 사람'이라는 뜻으로, 사랑보다 경제적 이익을 우선시하는 사람을 지칭한다. 이러한 편견을 피하는 가장 좋은 방법은 관계를 금전 중심이 아닌 가치 중심으로 설계하는 것이다.

예를 들어 소비적인 데이트보다는 운동이나 독서 등 자기계발적인 활동으로 함께 시간을 보내거나 사회공헌, 봉사활동 등 의미 있는 경험을 함께하면, 그는 중요하게 여기는 가치가 맞아서 이 사람과 함께한다'는 느낌을 받을 것이다.

지금 이 순간부터, 그가 당신과 결혼할 수밖에 없게 만드는 '전략적 SWOT'을 세워보자. 상향혼은 철저한 '전략'과 '설계'의 결과다.

약점을 강점으로, '의지'보다 환경을 바꿔라

스스로에 대한 파악이 끝났다면, 이 중에서 가장 중요한 '약점을 보완하는' 일이 필요하다. 그러기 위해선 '고독의 시간'을 가져야 한다. 남들 다 놀 때 똑같이 놀면 약점은 결코 보완되지 않는다. 좋은 조건의 배우자를 원한다면, 나 역시 성장해야 한다.

그러므로 외롭고 무료한 시간에 친구나 '적당히 잘해주는 남성'을 찾아 의존하지 말라. 상향혼 상대가 나타났을 때 매력적인 이성으로 보이기 위해, 그 전까지 스스로를 갈고닦는 시간을 가져야 한다. 이 시간을 일부러 만들려면 의지가 필요하다.

강한 의지? 개나 주라지. 매순간 자신을 자책하게 만드는 생활계획표 따위는 치워버려라. 효과적인 방법은 자신을 둘러싼 환경을 바꾸는 것이다. 그저 딱 한 번만의 결심으로, 나의 의지와 상관없이 어떠한 규율과 계약에 의해 그 행동을 할 수밖에 없는 환경을 만드는 것이다. (예: 등록, 계약, 선납, 약속 공개 선언 등)

가난과 방황, 그리고 '빚 없는 신부 되기' 계획

내 이야기를 하자면, 나는 전국에서 등록금이 가장 저렴한 학교에 입학했는데도 부모님께 등록금을 달라고 말하기가 어려웠다. 서울 변두리의 10평 임대아파트에서 자랐고, 중3 때 담임선생님이 가정형편 때문에 상업고 진학을 권유할 정도였다. 공부를 꽤 잘하는 건 아니었지만 당연히 인문계 고등학교에 가서 대학에 진학한다는 평범한 꿈을 꾸고 있던 나는, 그때 담임선생님이 무척 야속했다. 하지만 지금 생각해보면 담임선생님의 마음이 이해가 된다. 임대아파트에 살았고 성적이 아주 높지도 않은, 외모는 단정한 내가 상업고등학교에 가서 은행에 취업하면 좋을 것 같아 권유하셨던 것 같다. 그때는 선생님이 너무 밉기만 했는데, 지금 생각해보면 오히려 더 신경 써주시려고 했던 것 같아 감사한 마음이 든다.

고등학교 때는 더 암울한 시간을 보냈다. 당시에 외할머니가 돌아가셨고, 엄마는 심신이 많이 약해진 상태였으며, 훨씬 더 어릴 적부터 부모님이 안 계셨던 아빠는 그런 엄마의 마음을 헤아리지 못 하셨던 것 같다. 부모님의 사이는 안 좋았고, 나는 밤

마다 베개로 귀를 틀어막고 잠들었다. 곰팡이 핀 좁은 집, 끊이지 않는 다툼… 어떤 정신으로 학교를 다녔는지 기억도 안 난다. 한 번은 가출을 한 적도 있었다. 학교를 그만두고 검정고시를 보고 싶었다. 학교에 친구도 없었고 공부에도 흥미가 없었다. 선생님들도 모두 다 싫었다. 하지만 자퇴하면 인생을 망치는 거라며 엄마가 극구 반대했다. 검정고시 보려면 학원을 다녀야 하고, 돈도 많이 드는데, 우리는 돈이 없으니 학교를 다니라고 했다. 그때 엄마가 학교를 그만두게 내버려뒀더라면 결혼할 때 시부모님께 떳떳하지 못했을 게 분명하다.

포기하지 않은 엄마 덕분에 나는 수능을 보았고 운 좋게도 언어, 수리, 외국어 영역에서 3등급을 받았다. 지방에서 자취할 형편은 못 되었기에 전국에서 가장 저렴하고 집에서도 가까운 2년제 전문대학에 입학했다. 그러나 등록금(당시 약 130만 원)이 문제였다. 아빠의 수금은 불규칙했고 카드빚은 쌓여갔다. 아빠는 날 대학에 보낼 의지도 여유도 없었던 것 같다. 하지만 엄마는 날 꼭 대학에 보내고 싶어 했다. 비록 전문대학일지라도, 내가 당신과는 다른 삶을 살길 바랐기 때문에 엄마는 이번에도 포기하지 않았다. 등록금을 내면 카드값을 낼 수 없고, 카드값을 못 내면 연체가 되는 상황에서 엄마는 과감한 결정을 내렸다. 파산신고를 한 것이다. 그렇게 하면 당장 밀린 카드값을 내지 않아도 되었으니까. 그렇게 부모님은 7년간 신용불량자로 사셨다. 이 상황에서 어떻게 등록금을 달라고 할 수 있겠는가.

전문대 등록금은 분기 126만 원. 주말 알바로 월 40만 원씩 3개월을 모아 등록금을 냈다. 그런데 편입을 하고 나니 등록금이 두 배로 비싸졌다. 아르바이트만으로는 해결되지 않는 상황이었다. 당시 내 소망은 '빚 없는 신부'가 되는 것. 당시 남자친구였던 지금의 남편이 나에게 학자금 대출이 있다는 걸 알면 나와 결혼을 꺼려 할 것 같았다. 지긋지긋한 가난에서 나를 구출해줄 이 백마 탄 왕자님의 심기를 거스를 수는 없었다.

나는 결국 4년제 편입 후 한 학기 만에 모든 수업을 야간으로 전환해 아침 9시부터 저녁 6시까지 사무직 알바를 하고 저녁엔 버스를 타고 학교에 갔다가 밤 10시에 귀가하는 생활을 단행했다. 처음부터 야간으로 입학했으면 상관없었겠지만 주간에 평범한 20대처럼 학교를 다니다가 야간 수업을 들으니 상대적으로 많이 위축되었다.

낮의 캠퍼스라이프를 포기하고 수업이 끝난 밤

에 언덕을 올라 낡은 빌라로 돌아가는 일상. 가장 힘들었던 건, 친구들이 MT 가는 걸 지켜보는 일이었다. 부러웠다. 나도 놀고 싶었다. 그러나 이를 악물고 버텼다. "좋은 남성을 만날 거야. 그가 나와 결혼하고 싶을 때 '흠 없는 여성'이 되어 있을 거야. 지금의 외로움과 고단함은 나중에 사랑으로 보상받을 거야." 혼잣말처럼 되뇌며 버텼다.

중요한 점은, 아무도 나에게 '야간수업+주간근무'를 강요하지 않았다는 것이다. 나는 장기 목표(빚 없는 신부)를 위해 의도적으로 나를 힘든 환경에 몰아넣었고, 계약으로 스스로를 묶었다. 운동선수처럼 매일 초인적 훈련을 한 게 아니다. 단 한 번의 결단으로, 매일 자동으로 실행될 환경을 만든 것이다.

인간은 나약하다. 상향혼으로 더 나은 경제적 삶을 원한다면, 타인의 사회적 기득권을 공유하고자 하는 욕망을 솔직히 인정해야 한다. 그리고 그 욕망을 부끄러워 말고 장기 목표를 이루는 '현실적 시스템'에 나를 몰아넣어야 한다.

Key Point

- 의지보다 환경을 믿어라. 그 일을 할 수밖에 없게끔 실행 구조를 만들어라.

나의 욕망을 솔직히 인정해야 한다.

그 욕망을 부끄러워 말고

장기 목표를 이루는 '시스템'에

나를 몰아넣어야 한다.

8장

이상적인 페르소나 정의하기

'페르소나(Persona)'는 원래 심리학 용어로, 개인이 사회적 상황에 따라 쓰는 가면 또는 역할을 뜻한다. 마케팅에서는 이 개념을 확장해 '이상적인 고객상'을 구체적으로 정의할 때 사용한다. 상향혼에서도 이 개념은 그대로 적용될 수 있다. 즉, 내가 원하는 이상적인 결혼 상대를 하나의 페르소나로 만들어야 한다.

추상적인 조건은 아무 소용없다

많은 사람들은 결혼 적령기에 이르면 키, 나이, 학벌, 집안처럼 수많은 조건을 나열한다. 혹은 반대로

'그냥 괜찮은 사람, 나를 좋아해주는 사람' 정도로만 생각한다. 하지만 전자는 현실적으로 불가능한 이상형 리스트가 되고, 후자는 너무 추상적이라 실제 만남으로 이어지기 어렵다.

조건은 반드시 구체적이면서 다섯 가지 이내로 제한해야 한다. 그 이상이 되면 스스로도 혼란스럽고 누구를 만나도 만족하지 못한다. 단순하지만 핵심을 정확히 짚은 기준을 정해야 어떤 상대가 등장하더라도 즉시 '내 기준'에 맞는 사람인지 아닌지 구별할 수 있다.

'부모의 돈'이 아닌 '그의 성취'를 보라

물론 '집안의 경제력'은 첫 만남에서 확인하기 어렵다. 그러나 관계가 깊어지면 생활 수준, 가족의 태도, 소비 습관 등이 대화하며 자연스럽게 드러난다. 그 순간을 놓치지 말고 관찰하라. 그리고 반드시 기억해야 한다. 상향혼의 기준은 부모의 재력이 아니라 그가 스스로 무엇을 성취했는가에 있다.

부모의 돈에 기대어 살아가는 남성은 결혼 생활에서도 책임감이 약할 가능성이 높다. 반면, 부모의 자원을 관리하고 발전시킬 줄 아는 사람, 즉 '태어난 배경보다 성장 과정에서 증명된 사람'이라면 충분히 합격이다. 상향혼은 단순히 '금수저를 만나는 일'이 아니다. 그가 가진 자원을 운용할 줄 아는지, 그리고 그것을 함께 나눌 사람으로 당신을 존중할 준비가 되어 있는지를 보는 일이다.

지금까지의 이야기를 정리하면, 첫째, 조건을 구체적으로 정하라. '돈 많은 사람'이 아니라 '내가 생각하는 안정된 수준의 경제력'을 수치나 상황으로 구체화하라. 둘째, 그의 성취가 '부모의 힘'이 아닌 '본인의 노력'에서 비롯되었는지 확인하라. 직장 내 평판, 태도, 결정 방식, 말의 무게에서 자연스럽게 드러난다. 셋째, 게으르고 나태한 사람은 일찌감치 제외하라. 상향혼의 성공 조건은 '조건'보다 '태도'다.

마지막으로 스스로에게 질문하라. "이 남성은 내 아이의 아버지가 될 자격이 있는가?" 이 질문에 자신 있게 '예'라고 답할 수 없다면, 그는 결코 상향혼 상대자가 아니다.

Key Point

- 페르소나 설정은 상향혼의 첫 단계다. 추상적 욕망을 구체적 기준으로 바꿔라.
- 조건은 다섯 개 이하, 측정 가능한 형태로 작성하라.

상향혼의 기준은

부모의 재력이 아니라

그가 스스로 무엇을 성취했는가에 있다.

9장

예쁘지 않아도 괜찮다

예쁘지 않아도 '호감'을 이끌어내는 방법

외모가 평범하거나 예쁘지 않다고 해서 상향혼의 기회를 잃는 것은 아니다. 다만, 노력하지 않는 태도가 문제다. 성형수술은 하나의 선택일 뿐이니 너무 거부감을 가질 필요도 없다. 저자 역시 10년 전 눈·코 수술을 통해 자신감을 얻었다. 그러나 수술이 두렵다면, 우선 기본 관리부터 완성해보자. 그 남성이 당신과 함께 있을 때 불편하지 않을 정도의 인상, 그것이 출발점이다.

기본은 단 두 가지, 피부와 헤어다. 우선 피부는 깨끗해야 한다. 유전의 영역이 크지만, 꾸준한 관리로 충분히 개선된다. 헤어스타일은 얼굴형에 맞아야 한다. 자신에게 맞는 스타일링만 찾아도 이미지가 달라진다. 메이크업은 자연스러운 아이라인과 피부톤에 맞는 렌즈, 심플한 귀걸이 정도면 충분하다. 피부과의 고가 시술보다 피부관리실의 저렴한 패키지를 꾸준히 받는 편이 낫다. 마사지가 얼굴선을 부드럽게 하고 혈색을 살린다.

문제는 '꾸준함'이다. 한 주쯤 건너뛰고 싶은 유혹, 비용이 아까운 마음, 피곤해서 미루고 싶은 날이 온다. 하지만 당신이 들인 공은 결국 얼굴에 쌓인다. 피부가 맑고 헤어가 잘 어울린다면 이미 남성은 함께 있을 때 '편안하다' 느낄 것이다. 이 편안함이 호감의 첫 단계다.

스타일링으로 자신을 설계하라

남성들은 여성의 옷 브랜드나 유행에 큰 관심이 없다. 그들의 시선은 훨씬 단순하다. "이 여성과 함께 있을 때 기분이 좋은가?"이다. 따라서 중요한 것은 옷의 가격이 아니라 나의 체형을 정확히 파악하는 일이다. 상체·하체비만형, 허리와 다리의 비율,

어깨선의 각도, 이 모든 걸 파악해야 감추고 강조할 곳을 알 수 있다. 필요하다면 이미지 컨설턴트의 도움을 받아보라. 2-3시간의 상담으로 인생 전체의 이미지를 재정비할 수 있다. 비용은 십만 원대에서 수십만 원대까지 다양하지만, 한 번도 자신의 스타일을 점검해본 적 없는 사람이라면 '비용이 아닌 투자'로 봐야 한다.

비용이 부담된다면 체험단을 적극 활용하라. SNS 후기 제공을 조건으로 협찬받는 방법도 있다. 저자 역시 성형과 피부관리, 다이어트 프로그램을 후기 제공 조건으로 무료시술 받은 경험이 있다. 중요한 건 일단 시도해보는 것이다.

유행을 따르지 말고 '나에게 맞는 옷'을 찾아라

박선영 교수의 연구에 따르면, 결점을 감추는 핵심은 단순하다. "장점은 강조하고 단점은 감춘다." 이 기본이 어려운 이유는 두 가지다. 자신을 객관적으로 보지 못하기 때문이고, 유행만 좇아 자신에게 맞지 않는 옷을 입기 때문이다.

유행을 맹목적으로 따르지 말고 자신의 신체적 강

점을 중심으로 스타일을 정리해보자. 보여주지 않는 것도 전략이다. 단점을 감추는 것만으로도 단정하고 정돈된 사람이 된다.

품격은 속옷에서 드러난다

외적인 준비가 끝났다면, 이제 내면의 여유를 다듬을 차례다. 옷의 안, 그 내면 말이다. 그와 데이트를 하기로 약속했다면 언제든 상황이 한 단계 더 깊어질 수 있다는 사실을 잊지 말라. 속옷은 항상 깨끗한 세트로, 자신만의 '준비된 태도'를 유지하라.

이것은 잠자리를 위한 준비가 아니라 자기 존중의 표현이다. 남성은 본능적으로 여성의 '준비된 여유'를 감지한다. 여유로운 태도가 그에게 매력으로 작용한다. 반대로 '오늘은 절대 안 돼, 팬티 고무줄 늘어졌어!'라는 식의 불안한 방어는 오히려 어색함만 키운다. 여성의 내면은 결국 겉으로 표출된다. 드라마 속의 과장된 행동이나 푼수 같은 캐릭터는 현실에서 통하지 않는다. 현실의 남성은 자신감 있고 정돈된 여인에게 끌린다.

로맨스이자 휴먼드라마의
주연이 되었다고 생각하라

이미 점찍어 둔 상향혼 상대가 있다면, 그를 영화감독, 나 자신을 오디션 보러 온 배우라고 생각해보자. 감독의 눈에 들어야 하는 여배우처럼 배역을 얻기 위한 준비가 필요하다. 치사하게 들릴 수 있지만 사실이다. 그의 인생에 당신은 깊숙이, 그것도 '배우자'로 관여하게 된다. 어쩌면 여배우 캐스팅보다 더 철저한 검증을 거쳐야 할지도 모른다.

자, 이제 여러분은 배우다. 어떤 역할에 어울리는가? 어떤 연기를 잘하는가? 오디션을 치를 준비가 되었는가?

당신의 배역은 '슬픈 영화'의 주인공이 아닐 것이다. 로맨스이자 휴먼드라마다. 들장미 소녀 캔디처럼 '레몬 같은 상큼함'이 아니어도 좋다. 비타민처럼 그의 하루에 활기를 주는 사람이면 충분하다.

긍정적인 마인드와 미소가 있는 단정한 외모는 여성을 두 배 예뻐 보이게 한다. 누구든 그런 여성을 마다하지 않는다. 그가 당신을 만날 때마다 지친 삶의 위로를 받을 수 있도록 에너지를 건네라. 그 에너지는 열심히 사는 모습일 수도, 특별한 능력에서 나오는 영감일 수도 있다.

이 점은 결혼 후에도 이어진다. 내가 글을 쓰는 모습을 볼 때 남편은 뿌듯해한다. 서로가 무언가에 몰입하고 성과를 내는 모습은 상대에게 동기를 준다. 연애도 마찬가지다. 오래 지속되는 관계를 원한다면, 그의 곁에서 밝고 긍정적인 영향을 주어야 한다.

옷·가방·액세서리만 선물이 아니다. 미소, 활기, 응원, 섬세한 말 한마디와 몸짓 이 모든 것이 최고의 선물이다. 돈으로 살 수 없는 것을 선물하라. 거울 앞에서 따뜻한 미소를 연습하고, 그가 힘들어 보일 때 건넬 위로의 문장을 준비하라. 심리학 책에서 '효과적인 위로' 방식을 공부하라. 함께 있는 순간 그가 '살아 있음'을 느낀다면, 그는 당신과 평생을 함께하고 싶어질 것이다.

Key Point

- 외모는 유전이 아니라 관리의 결과다. 꾸준한 피부·헤어 관리가 '호감'을 만든다.
- 체형을 파악하고 나에게 어울리는 스타일을 구축하라. 브랜드보다 '핏'이 중요하다.
- 준비된 상황에서 섹시함이 나온다. 속옷까지 제대로 갖추자.
- 그에게 비타민 같은 활력을 주어라. 이건 결혼 후에도 마찬가지다.

남성은 본능적으로

여성의 '준비된 여유'를 감지한다.

여유로운 태도가 그에게 매력으로 작용한다.

10장

상향혼의 4단계 전략 매뉴얼

상향혼은 '가치의 교환'이다

상향혼은 어리고 예쁜 여성이 부자 남성과 결혼하는 일만을 뜻하지 않는다. 상향은 부의 서열 문제가 아니라 지적 호기심, 감정의 성숙, 건강한 생활, 타인에 대한 책임감, 직업적 신념 등 다양한 가치의 상승을 포함한다.

능력 있는 '골드미스'가 경제력에서 스스로 상향을 이룬 뒤, 지성·인격·건강·외모 등 다른 축에서 자신보다 상향인 남성과 만나는 가치 상향혼은 충분히 현실적이다. 핵심은 운이 아니라, 그 만남을 어떻게 설계하느냐에 달려 있다.

1) 접점을 설계하라

내가 강한 축과 상대가 강한 축이 자연스럽게 만나는 장으로 들어가라. 지적 호기심을 중시한다면 공개 강연·북살롱·테크 밋업·학회 오픈 세션으로 동선을 옮기고, 건강·라이프스타일을 중시한다면 러닝·클라이밍·골프·사진·서핑 등 취향 기반 커뮤니티에서 시간을 쌓아라.

우리가 어떤 환경에 있느냐가 결국 누구를 만나느냐를 결정한다는 사실을 이미 알고 있을 것이다.

2) 프로필을 재설계하라

경제력을 과시하기보다 정서적 안정, 생활 관리, 취향 큐레이션이 드러나게 하라. 주 3회 운동, 월 2권 독서, 주말 전시회처럼 루틴을 제시하면 인간적인 신뢰를 얻는다. 사진·소개 문구·SNS까지 일관된 메시지를 유지해, 단순히 경제력만 있는 사람이 아니라 자기 취향을 가진 인간적인 여성임을 보여주자.

3) 접근 속도를 조율하라

상대가 애태울 수 있도록 접근 속도를 컨트롤하라. 데이팅앱 매칭이나 모임에서 연락처를 주고받았다면 48시간 이내 짧은 통화 1 - 2회가 적당하다. 주말 낮 데이트를 잡았다면 1차 1 - 2시간으로 가볍게 만나고, 통한다면 2차로 자연스럽게 이어가면 된다.

속도를 조절하여 긴장감을 만들자. 너무 느리면 진부해지고, 너무 빠르면 소모된다.

4) 나의 가치를 '말'로 준비하라

"그가 나와 함께하면 무엇이 더 쉬워지는가?"를 말로 보여라. 일정 · 재무 · 생활 루틴 정리력, 관계 조율 능력, 정서적 안정감, 취향 큐레이션 등, 이런 것들이 상대가 체감할 수 있는 '함께의 효용'이다. 상향혼은 한 사람이 올라타는 엘리베이터가 아니라 서로의 강점이 교차하는 브리지임을 기억하라.

짤막한 사례 두 가지로 살펴보자. N씨(37세 · 금융 컨설턴트)는 소득 · 자산이 충분했고 P씨(34세 · 연구원)는 논문 · 세미나 등 전문성과 성과가 뚜렷했다. P씨의 불규칙한 생활을 N씨의 안정된 루틴과 자기관리가 메워주었다. 둘은 6개월 연애 후, 만난 지 1년이 되었을 때 결혼했다.

또 다른 예로, L씨(39세 · 변호사)는 러닝크루에서

K씨(35세·트레이너)를 만났다. L씨는 경제적 상향을, K씨는 건강·규칙·생활 태도를 제공했다. 서로의 약점을 메우며 결혼을 결정했다.

이런 사례들이 보여주는 결론은 분명하다. 상향은 한 축이 아니다. 내가 이룬 가치와 그가 가진 가치를 기꺼이 교환하라.

Key Point

- 상향혼은 한쪽이 올라타는 사다리가 아니라 서로의 강점이 교차하는 지점이다.
- 내가 가진 가치를 문장으로 정리하고, 그가 가진 세계 속으로 걸어 들어가라.

상향혼은 한 사람이 올라타는

엘리베이터가 아니라

서로의 강점이 교차하는 브리지임을 기억하라.

11장

상향혼 상대자를 찾는 방법

좋은 직업·좋은 조직은 최고의 장(場)이다

드라마 〈더 글로리〉의 송혜교가 복수를 하기 위해 가장 먼저 이루었던 것은 무엇인가. 초등학교 선생님이 된 것이다. 고등학교 중퇴였던 그녀는 공장에서 일을 하고, 공장 기숙사의 불이 꺼지면 복도에 나와 공부를 했다. 검정고시를 보고 교대에 입학하고, 임용고시에 합격할 때까지 피나는 노력을 했다. 드라마지만 현실도 별반 다르지 않다. 목표 타깃이 있는 곳까지 가야 하는 것이 우리가 가장 먼저 해야 할 일이다. 상대가 있는 곳까지 도달해야만 관계의 시작이 이루어진다.

원하는 상대가 대기업 직장인이라면 대기업으

로 들어가라. 정규직이 어렵다면 계약직, 그것도 어렵다면 해당 빌딩의 카페라도 들어가라. 하지만 가능하면 동등한 직업을 갖는 편이 성공 확률이 높다.

직업은 소득을 넘어 사회적 지위와 경제적 잠재력을 나타내는 배지(badge)다. 남성의 집안에서 보더라도, 여성이 동일 업권·동일 직업군에 있다면 굳이 반대할 이유가 줄어든다.

무엇보다 큰 조직은 다양한 배경의 인재가 모이는 네트워크의 장이다. 좋은 조직에 몸담는 것은 사회적 안정감의 증명이며 상향혼 시장의 출입증이 된다. 여기서 중요한 건, 큰 조직에 속했을 때 원하는 상향혼 상대자를 만날 확률이 더 높아지고 그 사람이 당신을 자신의 조직 안에서 발견했으므로 일단 자신이 손해 본다는 느낌을 줄일 수 있다는 것이다. 연애만이라도 동등한 입장에서 시작할 수 있게 된다.

취향의 장으로 들어가라

만일 직업, 직장을 바꾸기 어렵다면 여가 공간을 공략해보자. 미술에 조예 깊은 사람을 원한다면 미술

동호회·전시관으로, 운동으로 통하고 싶다면 운동 모임·헬스장 등으로 가보라. '부자'를 만나고 싶다면 어떤 부자인지 구체화하고, 재테크에 관심 있다면 재테크 모임으로 들어가라. 회사–집 루틴만 반복한다면 새로운 인연은 생기기 어렵다.

나는 특히 골프 동호회를 추천하는데, 그 이유는 다음과 같다. 골프는 비용이 드는 스포츠다. 따라서 골프를 즐기는 사람은 대체로 일정 수준 이상의 재력과 사회적 지위, 그리고 기본적인 매너를 갖춘 경우가 많다. 게다가 골프웨어는 체형을 단정하고 세련되게 보여주어, 매력을 자연스럽게 드러내는 효과가 있다.

라운딩은 단순한 운동이 아닌 약 6시간 동안 이어지는 '교감의 시간'이다. 또 라운딩이 끝난 뒤 클럽하우스에서 가볍게 맥주 한잔 하는 시간은 서로 진솔한 대화를 나누기에 최적의 순간이다. 이때 생활 태도, 가치관, 매너를 고스란히 볼 수 있다.

상향혼은 사랑만으로 성립하지 않는다. 그것은 전략이며, 전략은 반드시 무대와 공간을 필요로 한다. 무대와 공간을 꾸미는 것은 나 스스로 해야 한다.

데이팅앱에서도 상향혼 상대자를 만날 수 있다

요즘은 데이팅앱을 통해 결혼에 성공하는 커플들을 적잖이 보게 된다. 하지만 아무 앱에나 가입하면 위험하다. 데이팅앱을 효과적으로 활용하는 방법을 소개한다.

1) 인증 중심 앱을 선택하라

수많은 데이팅앱 중에서도 '인증 시스템'이 있는 앱을 선택하는 것이 상향혼의 기본 전략이다.
대표적인 예로는 스카이피플, 골드스푼, 펠리스 등이 있다. 이 앱들은 남성 회원에게 학력·직업·자산 인증을 요구한다. 인증 절차 자체가 최소한의 거름망 역할을 하니 안심하고 이용할 수 있다.

펠리스: 연봉 7천만 원 이상, 자산 5억 이상, 서연고·카이스트·포스텍·해외 명문대 졸업 등 조건을 서류로 인증해야 가입 가능하다.
스카이피플: 서울대생이 만든 앱으로, 최대 1억 원 손해배상 보증 제도를 도입해 신뢰도를 높였다.
골드스푼: 회원 수 14만 명 규모의 커뮤니티로, 가입 시 전문직 자격증·원천징수영수증·부동산 등

기서류 등을 인증하면 '인증 배지'가 발급된다.

2) 프로필 사진은 '정석'보다 '호감형'으로

앱에서 첫인상은 1초 안에 결정된다. 사진관 프로필보다 예쁘게 나온 자연스러운 셀카 2-3장이면 충분하다. 포인트는 다음과 같다.

정면 응시: 카메라를 바라보며 마치 대화를 걸 듯한 눈빛.
은근한 매력: 어깨선·쇄골이 살짝 드러난 사진은 호감을 높인다.
자연스러운 미소: 꾸민 듯한 표정보다 따뜻한 인상이 더 효과적이다.

앱에서는 수많은 이성의 사진이 스쳐 지나간다. 당신의 사진이 '멈춤'을 유도해야 한다. 그 한 장이 연락 여부를 결정짓는다.

3) 프로필이 성의 있는 남성을 선택하라

상대에게서 연락이 왔다면, '프로필을 얼마나 정성껏 썼는가'를 먼저 보라. 사진만 올려둔 사람보다 자기소개를 성실히 작성한 남성은 진지한 만남을 고려하고 있을 가능성이 높다.

물론 그가 앱의 '단골 사용자'일 수도 있다. 그러나 중요한 건 그가 지금 당신과 어떤 태도로 대화하느냐이다.

데이팅앱은 도박이 아니라 선택의 툴(tool)이다. 당신이 주도적으로 걸러내고 선택한다면, 그 안에서도 충분히 상향혼의 기회를 만들 수 있다.

4) '온라인 채팅'보다 '오프라인 만남'이 승부처다

메시지로 며칠 대화해보고, '이 사람은 만나볼 만하다'는 확신이 든다면 과감히 오프라인으로 전환하라. 온라인의 호감은 진짜가 아니다. 직접 만나야만 관계의 가능성을 확인할 수 있다. (TIP: 수요일이나 목요일에 앱을 시작하라. 그 주말에 만남으로 연결될 확률이 가장 높다. 대화의 흐름이 좋을 때 바로 약속을 잡는 것, 그것이 '관계 전환력'이다.)

5) 실제 성공 사례에서 배우기

스카이피플에는 '결혼소식'이라는 카테고리가 있다. 여기에는 앱을 통해 결혼에 성공한 커플들의 인터뷰가 꾸준히 올라온다.

A양 사례:

교사였던 그녀는 늘 같은 직업군의 남성만 소개받았다. '주선자의 부담 없이 새로운 사람을 만나고 싶다'는 이유로 앱을 선택했고 결국 다른 직업의 배우자를 만나 결혼했다.

B양 사례:

온라인 만남은 가볍다는 선입견이 있었지만, 실제로는 자신의 정보와 취향을 솔직히 드러내야 했기에 오히려 더 진지한 만남으로 이어졌다고 말했다. 이처럼 데이팅앱은 '가벼운 만남의 공간'이 아닌 조건을 투명하게 보여주고 선택의 효율을 높이는 플랫폼으로 진화하고 있다.

SNS는 두 번째 명함이다

여러분 역시 SNS를 통해 자신을 적극적으로 보여 줘야 한다. 상향혼을 위해 요리 수업을 듣고, 책을 읽고, 운동을 하며 노력하는 과정을 기록하라. 말로 하는 소개보다 더 강력한 것은 '보여지는 이미지'다. 누군가가 당신을 소개받거나 모임에서 만나기 전, 이미 SNS를 통해 호감을 느낀다면 그것이 최고의 시작이다.

SNS에 올릴 때는 '이상적인 나'를 설정하라. 미래의 배우자가 나의 계정을 본다고 생각하고 매력적으로 느낄 만한 모습만 남기는 습관을 들여라. 이는 거짓으로 꾸미라는 뜻이 아니다. 오히려 '내가 되고 싶은 이상향의 모습'을 스스로에게 되새기는 행위다.

내가 결혼하고 싶은 상대자는 어떤 여성을 좋아할까? 그 이상향의 삶을 SNS 속에서 먼저 살아보라. 그렇게 반복하다 보면, 어느새 현실의 당신도 그 모습에 닮아간다.

SNS는 상향혼의 무기이자 미래의 배우자에게 보낼 첫 번째 인사다. 평범한 직장인이더라도 주선자가 계정을 공유했을 때 '이 사람, 궁금하다. 한번 만

나보고 싶다'는 생각이 들게 만든다면 이미 절반은 성공이다.

Key Point

- 좋은 직업·큰 조직은 상향혼의 출입증이다. 시장 안으로 들어가야 관계가 시작된다.
- 골프·전시·러닝 등 취향의 장을 공략하라. 환경이 곧 사람을 데려온다.
- SNS는 두 번째 명함. '이상향의 일상'을 꾸준히 기록하면, 결국 그 모습에 가까워진다.

그 사람이 있을 법한 곳으로
스스로 이동하라.
복권도 일단 사야 당첨되듯
접점 역시 들어가야 생긴다.

12장

그 사람에게 흠뻑 빠져라

첫인상 완벽주의 내려놓기

진짜 상향혼의 비밀은 완벽한 사람을 고르는 게 아니라 가능성이 있는 사람을 알아보는 눈에 있다. 그가 지금 가진 조건보다 앞으로 만들어낼 삶의 방향이 더 중요하다. 야망, 책임감, 꾸준함, 그리고 타인에 대한 배려심. 이 네 가지는 남성의 '미래가치'를 판단하는 가장 확실한 지표다. 상향혼은 결국 지금의 '완성형'을 선택하는 게 아닌 함께 성장하며 완성될 사람을 발견하는 일이다.

그가 상향혼 상대자이거나 후보 중 하나라면, 온 힘을 다해 사랑하라. 고스펙·금수저 여성들이 당신의 라이벌이 아닌 이유가 여기에 있다. 그들이 과연 한 사람에게 전심을 다할까? 세상이 이미 그들을 중심으로 돌아가기에, 애정을 '전력투구'로 쓰지 않는다. 그러나 당신은 다르다. 그로 인해 인생이 180도 바뀔 수 있다는 사실만으로도, 그에게 빠질 충분한 이유가 된다.

파란 포터 너머의 미래

내 이야기를 하자면, 전문대생이던 나는 늘 '나보다 나은 사람'을 만나고 싶었다. 더 똑똑하고, 더 여유롭고, 더 넓은 세상을 본 사람. 그래서 같은 학교 남학생들은 내게 전혀 매력적으로 보이지 않았다. 내 인생을 구제해줄 백마 탄 왕자님하고는 거리가 멀다는 것을 진즉에 간파한 것이다. 생활비와 등록금 때문에 학교 사람들과 친하지 않은 이유도 있었지만 마음속 깊은 곳에서는 '난 너네랑은 달라'라는 인식이 있었던 것 같다. 가진 건 몸 하나뿐이던 시절, 내 시간과 에너지를 쏟을 거라면, 정말 가치 있는 사람에게 쓰고 싶었다.

어느 날, 서울에 사는 친구와 클럽에 갔다. 솔직히 말하면 '서울의 멋진 남성 대학생'을 만나고 싶어서였다. 그리고 그곳에서 우연히 지금의 남편을 만났다. 그는 어릴 적부터 이상형의 필수 조건이었던 카투사 출신이었다. 카투사는 어느 정도 영어 능력과 학력이 되고, 집안도 어느 정도 안정적임을 뜻했다. 솔직히 그의 애프터 신청을 받아들인 이유도 준수한 외모와 더불어 이 카투사 때문이었다.

하지만 이후의 현실은 녹록지만은 않았다. 그는 야근이 잦은 직장인이었고, 주말엔 회사 학회에 참석하느라 바빴다. 데이트는 늘 미뤄졌고, 연락도 뜸했다. 그러나 나는 그가 바쁘다는 이유로 불평하지 않았다. 대신 인천에서 서울까지 두 시간을 이동해 그의 회사 아래 스타벅스에서 책을 읽으며 기다렸다. 주말엔 그가 참여한 학회가 열리는 코엑스로 찾아가, 끝나자마자 함께 시간을 보냈다. 그 시절 나는 누구보다 많이 읽고, 누구보다 성장했다.

이후 아버지의 회사로 들어간 그는 파란색 포터 트럭을 몰고 나를 데리러 학교로 오곤 했다. 그때마다 그는 창피해했지만 나는 너무나 좋았다. 포터를 끌고 다니는 땀에 젖은 허름한 작업복 차림의 평범한 남성이었지만 나는 그 안에서 그의 가능성을 봤다. 아버지의 회사에서 묵묵히 맡은 일에 최선을 다하고 일을 배우려는 자세를 갖췄으며, 항상 겸손하고 겉멋 들지 않고, 술 담배를 즐기지 않는 사람. 그는 완벽한 내 이상형이었다.

Key Point

- 그가 지금 무엇을 가졌는지보다 앞으로 무엇을 가질 건지를 보라.

진짜 상향혼의 비밀은

완벽한 사람을 고르는 게 아니라

가능성이 있는 사람을

알아보는 눈에 있다.

13장

그와 동등해지기 위해 노력하라

나의 무기를 점검하라

앞서 SWOT 분석을 통해 정리한 나의 강점이 곧 나의 무기다. 이십대 초반의 나는 이름난 학교의 출신도 아니었고, 대학생이라는 타이틀은 있었으나 캠퍼스의 낭만과는 거리가 멀었다. 가진 것은 젊음 하나뿐이었다. 그래서 결심했다. '나를 아끼자, 아무나 만나지 말자.'

누군가에게 내 몸과 마음을 허락한다는 건 가장 귀한 것을 건네는 일이다. 그렇다면 그 남성은 어떤 사람이어야 할까?

세계적인 리더십을 자랑하는 사람들에겐 공통점이 있다. 목표가 명확하고 자기 통제가 뛰어나며 책임감이 강하다는 점이다.

이제 스스로에게 물어보라. '그렇게 훌륭한 사람이 왜 나를 선택해야 하는가?' '내가 가진 무기는 무엇이며 그의 눈에 어떤 매력으로 비칠까?'

이 질문을 진지하게 던져본 적이 있다면, 이미 상향혼에 한 걸음 다가선 것이다. 기준이 선 사람만이 진짜를 알아본다. 꾸준히 자신을 단련하는 사람이 좋은 배우자를 만날 확률이 높다.

만약 상향혼 상대자를 구체적으로 그리기 어렵다면, 뉴스나 인터뷰를 통해 연습하라. 젊은 창업가나 재벌 3세의 인터뷰를 찾아 그들의 사고방식·습관·취향을 분석해도 좋다. 그를 잠재적 상향혼 상대로 가정하고 대화와 태도를 시뮬레이션하라. 지금 곁에 없더라도, 그 곁에 있는 사람처럼 행동하는 태도가 여러분의 현실을 끌어올릴 것이다.

그 사람과 닮으려는 노력을 멈추지 마라

상향혼 상대자를 결정했다면, 그가 연인이든 아니든 닮으려는 노력을 시작해야 한다. 그가 훌륭한 이유를 외면한 채 막연히 '그런 사람을 만나고 싶다'고 말하는 건 의미 없다. '그와 동등한 사람'이 되려는 과정이 빠져 있다면, 상향혼은 공상일 뿐이다.

그가 주변 사람을 배려하는 성품을 가졌다면, 당신도 다른 사람에게 그렇게 행동하라. 사람은 자신과 닮은 이에게 끌린다. 그가 '이 사람이 나를 닮고 싶어 한다'는 사실을 느낄 때, 그는 오히려 당신을 더 사랑스럽게 여기고 도와주려 할 것이다.

나 역시 대학교 4학년 때, 당시 남자친구였던 남편에게 취업 준비의 전폭적인 도움을 받았다. 그는 나를 도우며 자신의 효능감을 느꼈고, 나는 그가 매사에 최선을 다하는 모습을 보며 결혼할 만한 사람이라 확신했다. 책임감 있고 성실한 태도에 존경의 마음이 솟았다. 결혼 생활에서 존경은 곧 사랑이다. 배우자를 존경하는 사람은 마음이 쉽게 식지 않는다.

만약 연애 중 그를 닮고 싶은 마음이 들지 않는다면, 그건 상향혼 상대자를 잘못 고른 것이다. 배우자는 인생의 이정표이자 자녀의 부모다. 그가 나의 이상향과 닮지 않았다면, 결혼 후 갈등의 폭은 커질 것이다.

그는 존경할 만한 사람인가? 혹은 그럴 가능성이 있는 사람인가?

Key Point

- 상향혼의 출발점은 자기 인식이다. '내 무기는 무엇인가'를 정확히 정의하라.
- 존경할 수 없는 대상이라면 상향혼 상대자가 아니다.
- 닮으려는 노력은 사랑의 또 다른 형태다. 존경과 모방은 관계를 깊게 만든다.

스스로에게 물어보라.

'그렇게 훌륭한 사람이

왜 나를 선택해야 하는가?'

'내가 가진 무기는 무엇이며

그의 눈에 어떤 매력으로 비칠까?'

14장

상대의 동정을 거부하지 마라

더치페이를 고집하는 남성은 상향혼 상대가 아니다

연애할 때 더치페이를 기본 원칙으로 내세우는 남성이라면, 그는 상향혼의 상대가 아니다. 소개팅이나 첫 만남이라면 반반 낼 수 있다. 하지만 정식으로 교제 중인데도 반반을 고집한다면, 그는 당신을 진심으로 책임질 준비가 되어 있지 않은 사람이다.

나는 남편과 5년간 연애했고, 그동안 데이트 비용을 한 번도 낸 적이 없다. 양심이 없다고? 맞다. 당시 나는 졸업 후 바로 취업을 준비하면서 결혼자금을 모으는 데 집중하고 있었다. 학생 시절엔 등록금, 교통비, 생활비 때문에 지출 여력이 없었다. 그러나 한 가지는 분명했다. '나는 결혼하면 그의 팬티까지 빨아줄 사람인데, 나한테 그 전 몇 년간의 비용을 아까워하는 게 맞나?' '그 몇천 원에 인색한 남성이라면 평생을 함께할 수 없다.' 나는 언제나 당당했다.

그러다 싱가포르 여행을 앞두고 갈등이 생겼다. 당시 비행기값이 왕복 130만 원이었고, 나는 "돈이 없으니 오빠만 다녀와"라고 했다. 그러자 남편은 잠시 고민하더니 말했다. "내가 비행기값 낼게. 대신 한국 돌아오면 김밥만 먹으면서 데이트하자." 지금 돌이켜보면 그 말은 다정한 제안이었다. 하지만 그때는 '김밥만 먹자'는 말이 서러웠다. 나는 울고불고하며 "내가 얼마나 아끼며 살고 있는데 그 마음도 몰라주냐"고 소리쳤다. 결국 그 일로 다투고, 며칠 뒤 그는 사과의 의미로 100만 원짜리 가죽 재킷을 선물했다.

지금 돌아보면, 그때의 다툼은 돈 때문이 아니었다. 서로가 사랑을 증명하는 방식이 달랐던 것뿐이다. 그는 현실적으로 가능한 제안을 했고, 나는 감정적으로 이해받고 싶었던 것이다.

동정에서 시작되는 사랑도 있다

남성이 당신을 '불쌍해서' 챙긴다고 느껴질 때가 있을지 모른다. 하지만 동정은 사랑의 초기 단계일 수 있다. 남성은 호감이 없는 여성을 동정하지 않는다. 동정에는 이미 애정의 씨앗이 들어 있다.

내가 남편을 처음 만났을 때, 나는 21살 편의점 아르바이트생이었다. 그는 카투사 제대 후 여유롭게 대학을 다니고 있었다. 하루 종일 서 있는 나를 보며 불쌍하다고 느꼈을 것이다. 그래서 그는 맛있는 음식을 사 주며 나를 챙겼다. 그 시절, 우리는 편의점 주변의 맛집을 다 돌았다. 그때 나는 확신했다. 아르바이트와 낡은 집이 전부인 내게 유일한 단비가 되어준 사람. '지옥 같은 일상 속, 이 사람만이 내게 햇살이다'라고.

그가 주는 사랑을 기꺼이 받아라

여러분은 그의 사랑을 받을 자격이 있다. 받을 수 있을 때는 감사히, 솔직하게, 그리고 당당하게 받아라. '내가 불쌍해서 챙기는 건 아닐까?'라며 스스로를 깎아내리지 마라. 그의 헌신은 그가 할 수 있는 최선의 표현이다.

다만, 원하는 것이 있다면 기다리지 말고 직접 말하라. 남성은 눈치로 읽는 존재가 아니다. '언젠가 알아주겠지'는 착각이다. 구체적이고 명확하게 언질을 주는 것, 그것이 성숙한 커뮤니케이션이다.

그리고 원하는 바를 분명하게 일러주었을 때 원하는 것을 들어주는지 확인해봐라. 아무리 당신이 그보다 사회적 자원이 부족하다고 한들, 그에게 사랑받는 것을 게을리해서는 안 된다. 이 말은, 그가 당신을 존중하지 않는다면 그는 제껴라! 존중받는 것은 거창한 게 아니다. 이벤트를 해준다거나 명품백을 받는 게 아니라 나의 말을 잘 들어주고 평소에 내가 좋아하는 것, 하고 싶어 했던 것을 기억해두고 최선을 다해 그것을 실현시키려고 노력하는 것이다.

반드시 기억하라. 그가 당신을 존중하는가? 말과 취향을 기억하고 행동으로 보여주는가? 당신이 행복해하는 순간을 만들기 위해 노력하는가? 이 세 가지가 있다면, 그는 상향혼의 가능성이 충분한 남성이다.

Key Point

- 더치페이를 고집하는 남성은 상향혼 대상자가 아니다.
- 그의 동정을 불쾌해하지 마라. 동정도 사랑의 씨앗이다.
- 원하는 걸 명확히 표현하라. 소통이 곧 존중이다.

남성은 호감이 없는 여성을
동정하지 않는다.
동정에는 이미 애정의 씨앗이 들어 있다.

15장

'결혼'이라는 말을 쓰면 남성은 겁먹는다

결혼을 직접 말하지 말고 '상상하게' 만들어라

꿈꿔왔던 상향혼 상대자와 연인이 되었다면, 이제 그 관계를 한 단계 더 발전시키고 싶을 것이다. 하지만 "결혼하자"는 말은 금지어다. 남성은 그 단어 하나로 긴장한다. 남성에게 결혼은 단순한 이벤트가 아니다. 결혼은 곧 '가장의 책임'이며, 부모의 보호에서 벗어나 스스로 인생을 책임지는 전환점이다. 특히 금수저 집안의 남성일수록 부모님과 함께 사는 경우가 많다. 지금은 그도 능력 있는 부모님 밑에서 편하게 호의호식하는 '아들'일 뿐이다. 그에게 결혼은 편안한 삶을 버리고 나오는 결단이 필요한 일이다.

그렇기 때문에 '결혼'이라는 직접적인 제안보다, 그가 스스로 '결혼하고 싶다'는 마음이 들게 만들어야 한다.

매일 밤, 그가 당신을 그리워하게 하라

그가 당신을 매일 떠올리게 만드는 건 현란한 스킨십이 아니라 정서적 유대감이다. 매일 밤 그의 하루를 들어주라. "오늘은 어땠어?" "힘든 일 있었지?" "그래, 고생했어." 이 짧은 대화가 남성의 마음을 녹인다.

그가 답장을 늦게 하거나 전화를 못 해도 불평하지 마라. 대신 이해와 위로로 감싸라. 그러면 그는 당신을 '세상에서 유일하게 편안한 사람'으로 기억하게 된다.

그리고 주말, 헤어지기 전의 그 아쉬운 순간을 노려라. "우리 같이 살면 매일 이렇게 이야기하고, 영화 보고, 맥주 한잔 하다 잠들 수 있을 텐데…" 이 말을 상상하듯 부드럽게, 현실감 있게 던져라. 남성은 상상을 행동으로 옮기고 싶어 하는 존재다.

특히 섹스 직후의 따뜻한 순간은 최고의 타이밍

이다. 그는 이미 여러분과 함께 사는 미래를 머릿속에 그리기 시작할 것이다.

그가 독립을 원할 때, 결혼의 명분을 만들어라

권위적인 아버지와 함께 사는 남성은 언젠가 반드시 독립을 강렬히 원할 순간이 찾아온다. 그 시점을 놓치지 말고 공략하라.

내 남편 역시 그랬다. 서른 살 무렵, 그는 아버지 회사에서 일하고 있었다. 회사에서도 집에서도 매일같이 아버지를 마주해야 했다. 독립하고 싶었지만 차마 그 말을 꺼낼 용기가 나지 않았다. 생활비 부담도 걸림돌이었다.

그 무렵 나 역시 직장생활을 하며 독립을 꿈꾸고 있었다. 결국 우리는 같은 마음이었다. 각자의 독립을 이루기 위해 함께 살기로 한 것이다. 비용도 절약되고 서로에게 명분도 있었다. 그렇게 우리의 결혼은 '서로의 독립'을 위한 가장 현실적인 선택으로 시작되었다.

당신도 '백마 탄 여왕'이 될 수 있다

그만이 구원자가 아니다. 당신도 그를 새로운 삶으로 이끌어주는 '백마 탄 여왕'이 될 수 있다. 그를 더 나은 환경으로 이끌어낼 수 있는 사람인 것이다. 만약 그가 결혼 대신 혼자 사는 삶을 선택하려고 한다면 (이미 선택했다면 어쩔 수 없지만) 여러분과 결혼할 경우 그의 엄마가 해주었던 것과 거의 같은 것을 누릴 수 있음을 암시하라. 단 둘이 여행 갔을 때 요리를 해주거나, 도시락을 싸주거나, 깔끔한 모습을 보여 청소를 잘한다는 인상을 주는 것이다. 평소에 그런 사람이 아니라도 상관없다. 일단 식장에 들어가고 혼인신고를 하는 게 급선무다!

만약 상향혼 상대자를 아직 만나지 않은 독자라면, 부모님과 함께 사는 남성을 공략하라. 자연스럽게 그의 독립과 결혼을 동일시하게 만들어 그와 결혼할 가능성이 확실히 더 높아질 테니까.

Key Point

- '결혼'이라는 단어를 직접 꺼내지 마라. 남성이 스스로 원하게 만들어야 한다.
- 매일 밤 그의 이야기를 들어줘라. 정서적 유대가 그리움을 만든다.
- 그의 독립 욕구를 자극하라. 결혼은 남성에게 '탈출의 명분'이 될 때 현실화된다.

남성은 상상을 행동으로 옮기고 싶어 하는 존재다. 그러니, 결혼을 통해 얻을 현실적 이점을 상상하게 하라.

PART 3

결혼 이후 상향혼의 여정을 관리하라

16장

결혼 후부터는 나의 시간임을 기억하라

가족 면접, 결혼의 마지막 관문

결혼을 약속했다면 이제 진짜 시험이 시작된다. 그의 가족을 만나는 일, 이건 단순한 인사 자리가 아니라 인생 면접이다. 특히 상향혼이라면, 그의 부모는 당신을 '우리 집안의 새로운 구성원'으로 검증하려 할 것이다.

잘난 집안일수록 가족 간 결속이 강하다. 이는 곧 경제적 기반과 아버지의 권력 구조가 확실한 집안이라는 뜻이다. 그만큼 '가족의 기준'을 통과하기 어려울 수 있다.

나 역시 그랬다. 남편과 결혼을 약속하고 난 뒤, 그의 부모님과 여러 차례 식사 자리를 가졌다. 표면적으로는 "같이 밥이나 먹자"였지만, 돌아보면 그건 면접이었다. "부모님은 뭐 하시나?", "지금 일은 어떤가?", "돈은 어디에 쓰나?" 이런 질문들은 단순한 호기심이 아닌 가정교육과 경제관념을 평가하는 질문이었다.

당시 나는 한 달에 20권씩 자기계발서를 읽는 사람이었다. 덕분에 '바람직한 답변'을 자연스럽게 할 수 있었다. "월급의 일정 부분은 결혼자금으로 저축하고 있습니다." "학자금대출을 피하려고 아르바이트를 열심히 했어요."

그리고 가난을 숨기지 않았다. 오히려 솔직하게 말했고, 다행히 그분들은 노력하는 사람을 존중해주시는 분들이었다. 반지하방에 살던 나의 현실을 보고도 아무 말 없이 미소 지으셨다.

사실 부끄러웠던 적도 있다. 저녁 식사 후 집까지 데려다주겠다고 하셨을 때, 나는 반지하에 살고 있었다. 그 집을 보여주기 싫어 버스정류장에서 내리겠다고 했다. 그런데 굳이 끝까지 데려다주시겠다고 했고, 나는 결국 집에서 한 골목 떨어진 곳에서 내려달라 했다. 그런데 뜻밖의 일이 벌어졌다. 나도 모르게 그만 저쪽 빌라라고 알려드렸고, 결국 가족분들이 반지하방 불이 켜지는 것까지 보게 된

것이다.

나는 그날 밤 잠을 이루지 못했다. 다음 날, 그가 "우리 결혼은 힘들 것 같아"라고 말할 것만 같았다. 그러나 아무 일도 일어나지 않았다. 나중에 들은 이야기지만, 시어머님은 남편에게 "욕심부리지 않고, 딱 네가 좋다고 하는 그 모습이 보기 좋았다"고 말씀하셨다고 한다. 내가 아르바이트를 하며 외모를 치장하지 않고 결혼자금을 차근차근 모으던 모습이 어머님께 긍정적으로 비쳤을 것이다.

돌이켜보면, 가족에게 잘 보이는 건 단순히 외적인 문제가 아니다. 중요한 건 그들의 '가치관'을 이해하는 일이다. 그분들이 어떤 삶을 살아왔고, 무엇을 중요하게 여기는지를 알아야 한다. 상향혼을 꿈꾼다면 상대 가족의 사고방식과 세계관을 읽는 감각이 필수다. 그 감각은 하루아침에 생기지 않는다. 비슷한 가치관을 가진 사람들의 책을 읽고, 대화를 듣고, 사고의 결을 넓혀야 한다. 그럴 때 비로소 상대의 가족에게도 '함께할 만한 사람'으로 보이게 된다.

첫 만남의 인상, 단 한 번의 기회로 승부하라

그의 가족을 만날 때는 만반의 준비가 필요하다. 특히 어머니가 함께 나온다면 꽃다발은 필수다. 작고 수수한 꽃보다 평생 받아본 적 없을 정도로 화려한 꽃을 준비하라. 단, 알레르기 여부는 반드시 확인해야 한다.

이 자리는 그의 가족이 당신을 '공식적으로 받아들일지'를 결정하는 자리다. 그들은 이미 당신의 배경을 알고 있다. 그럼에도 불구하고 만나기로 결정했다면, 그건 '가능성을 본 것'이다.

이 만남에 당신의 인생이 달려 있다. 복장은 단정하게 하고 화장은 자연스럽게 하라. 가능하다면 전문 메이크업샵을 이용하라. (10~15만 원 정도 투자하면 된다.) 과하지 않은 세련된 외모는 '우리 집안과 어울리는 사람'이라는 인상을 준다. 이건 상견례가 아니라 '비공식 오디션'임을 명심하라. 그의 가족이 만든 영화에 당신이 여주인공으로 캐스팅될 수 있을지를 시험받는 순간이다.

왜 내가 그렇게까지 해야 하냐고? 이 결혼을 하지 못하면 결국 아쉬운 사람은 누구인가? 그를 이상적인 배우자라고 생각해서 몸 주고 마음 주고

다 줬는데, 막상 결혼을 하지 않는다면 누구 손해인가? 결혼을 준비하는 시간은 몇 개월 남짓이다. 이 기간에 당신은 세상 참한 천상 며느리가 되어야 한다. 수능시험을 보기 위해 우리는 고등학교 3학년을 어떻게 보냈는가? 대학에 가기 위해 들이던 노력에 비하면 평생의 결혼 생활, 나아가 내 인생을 바꿀 결혼을 앞두고 하는 이런 수고로움은 아무것도 아니다. 물론 이 기간에 남성에게 다른 여성이 있었다거나 예비 시부모로부터 지속적인 모욕을 당했다면 그것은 당연히 파혼을 해야 마땅하지만, 사소한 의견 차이나 신혼집 인테리어, 신혼여행지 등등 한순간의 해프닝으로 끝날 일이라면 잠시 눈을 흐리게 뜨는 현명함을 기르길 바란다.

사소한 감정 폭발이 인생을 바꾼다

결혼 준비 과정에서 가장 위험한 적은 '감정 컨트롤 실패'다. 나 역시 예물 준비 때 실수를 했다. 시어머니, 시고모님, 친정엄마가 함께 금은방에 갔는데, 나는 마음속으로 '1캐럿 다이아몬드 반지'를 원했다. 그러나 어른들은 "환금성 좋고 실용적인 게 낫다"며 3부 다이아와 순금 세트를 권했다.

    나는 결국 눈물을 참지 못하고 터뜨렸다. 예물을 받는 것만으로도 감사한 일인데 마음에 들지 않는다고 울어버렸으니 내 약점을 들킨 셈이다. 그때는 몰랐다. 몇 년 뒤, 부동산 계약금이 급히 필요할 때 그 순금이 얼마나 큰 도움이 될지. 결혼 10년 차의 지금, 3부 다이아는 30만 원이 됐지만 금은 여전히 '현금'이다.

    그때의 눈물은 미숙함에서 비롯된 것이었다. 조금 더 세상 경험이 많았더라면 그 상황에서 더 현명하게 대처했을 텐데 아쉬움이 남는다. 여러분은 나처럼 실수하지 말고 더 어른스러운 자세를 취했으면 좋겠다. 결혼을 준비하면서 사소하게 마음을 다치는 일이 많을 것이다. 결혼을 결정하기 전에 아무리 그와 시뮬레이션을 돌려봤어도 실전에서는 난관이 쉼 없이 몰아쳐 올 것이다. 그때 스스로를 지켜내기 위해서는 멀리 보는 연습이 필요하다.

멀리 보는 여성이 결국 승리한다

결혼 준비 기간은 몇 달이지만 결혼 생활은 수십 년짜리 롱폼 다큐멘터리다. 감정에 휩쓸려 순간을 망치지 마라. 시어머니의 말 한마디, 신혼집의 인테리어 같은 문제는 모두 지나간다. 결혼 상대자와 그의 가족은 그 순간에도 당신의 '태도'를 평가하고 있다. '이 여성은 위기에서도 품위를 지킬 줄 아는가?' '감정이 아닌, 큰 방향을 볼 줄 아는가?' 등등 말이다.

결혼 직전까지는 그들의 시간이지만, 결혼 후부터는 나의 시간임을 기억하라. 그의 조력자로서 그리고 내 인생의 주인으로서 여유를 잃지 마라.

Key Point

- 그의 가족과의 만남은 인생 면접이다. 첫인상부터 전략적으로 준비하라.
- 감정 폭발은 금물. 순간의 서운함이 평생의 오점을 남긴다.
- 결혼은 장기전이다. 한 장면이 아닌 '전체 시나리오'를 보라.

감정에 휩쓸려 순간을 망치지 마라.

시어머니의 말 한마디,

신혼집의 인테리어 같은 문제는

모두 지나간다.

17장

결혼의 범주 안에서 상향혼을 이해하라

힐러리의 한마디
"그럼 저 사람이 대통령이 되었겠지"

1993-2001년 미국의 제42대 대통령 빌 클린턴의 아내 힐러리 클린턴에게는 유명한 일화가 있다. 옛 애인이 주유소 사장이 된 것을 보고 빌이 "그 사람과 결혼했으면 영부인은 못 됐겠네?"라고 농담하자, 힐러리는 "아니, 그럼 저 사람이 대통령이 되었겠지"라고 답했다는 것이다.

힐러리의 이 한마디는 자신을 '남편의 부속물'이 아닌 성공을 함께 설계하는 전략적 파트너로 규정한 선언이다. 실제로 힐러리는 퍼스트레이디 시절 정책 자문, 위기관리, 이미지 구축 등 핵심 의사결정에 깊이 관여했다. 빌 클린턴이 세계적 정치 지도자로 자리 잡은 배경에는 힐러리의 지적 자원과 정치적 감각이 자리한다.

요점은 분명하다. 결혼은 끝이 아니라 시작이다. 결혼 후 함께 보낼 시간이 훨씬 길다. 그 시간을 바칠 만한 상향혼 상대자를 만났다면, 그의 '현재 스펙'에서 멈추지 말고 함께 만들어갈 미래를 장기적으로 설계하라.

신데렐라의 결혼이 인생의 종착지가 아님을 유념하라. 드라마 속에서는 결혼식과 함께 엔딩이지만, 인생은 그렇지 않다. 당신이 그의 팬티를 빨아주는 날들이 몇 배는 더 길다. 힐러리 클린턴이 빌 클린턴의 가능성을 보고 그와 결혼을 한 후 빌 클린턴에게 제공한 노동의 가치를 보라. 과연 누가 누구의 상향혼 상대자라고 단정할 수 있는가? 힐러리 또한 빌과 새로운 길을 만들어가며, 그가 더 큰 인물이 되도록 돕는 과정에서 자신의 영향력과 브랜드를 키웠다. 상향혼이란 그의 성공에 기생하는 것이 아니라 함께 성장하는 동반자적 관계를 맺는 것임을 잊지 말아야 한다.

상향혼의 두 유형: 금수저 vs 자수성가

상향혼 상대자가 더 나은 경제적 조건을 갖춘 이유는 대개 둘 중 하나다. 금수저이거나 자수성가이거나. 자수성가일 경우 만사가 편할 것 같지만 그 나름대로의 철학과 고집이 있는 사람이라 맞춰주기가 여간 힘든 게 아닐 것이다. 어느 분야에서든 성공한 사람은 스스로에게, 타인에게 엄격한 잣대를 가지고 있다. 그것은 가족들에게도 예외는 아니다.

16살 연상의 의류업 사업가와 결혼한 S양. 그녀는 대학생 때 남편을 만나 졸업하기 전에 임신을 했고 꿈을 포기하고 결혼을 선택했다. 바다가 눈앞에 펼쳐진 수도권에 있는 60평대 아파트에 살고 입주 도우미까지 누리고 있지만 그녀의 표정은 항상 그늘져 있었다. 남편은 사업차 집에 늦게 들어오기 일쑤고 남편은 그녀의 사회생활을 극구 반대했다. 아직 한창인 데다 눈에 띄는 외모를 가진 그녀. 그녀가 성취감을 느낄 만한 것은 헬스장에서 운동하는 것밖에는 없었다.

꿈을 포기하고 결혼을 하기로 결정한 것에 대한 대가는 이러하다. 친구들은 그녀의 60평대 고급 아파트와 수입 자동차를 부러워하기도 하지만, 그녀는 아이들의 엄마로 꿋꿋이 외로움의 시간을 견뎌내고 있다.

최근에는 다행히 친언니가 결혼을 하고 같은 동네로 이사 와 언니와 마음을 나누며 예전보다 행복한 삶을 보내고 있다고 한다. 10년이 지나 아이들이 스무 살이 되면 S양도 좀 더 자유를 찾을 것이다. 이른 나이에 결혼을 택한 삶에 잠시 정체기는 있겠지만, 훗날의 삶이 더 행복할 것임은 분명하다.

금수저형은 시부모·가족 시스템의 영향력이 크다. 왕관의 무게만큼 관심과 간섭이 따라온다. 내 경우도 그랬다. 그러나 남편의 부모가 만든 시스템 안에서 사는 건 조금 더 어리광을 피울 수 있는 안전한 그물망 안에 있는 것과 같다. 세월의 모진 풍파를 겪어낸 부모님은 사회라는 정글 속 우리에게 든든한 울타리가 되어준다. 드라마 속 재벌 2세의 반항은 현실에선 드물다.

우리가 어른이 되어 새로운 일에 도전할 때 부모님이 계신 것과 없는 것은 천지 차이다. 남편이 시부모님에게 월급을 받으며 새로운 사업을 시도할 수 있는 것도 큰 축복이다. 본인 혼자 사업을 일으키기도 어려울뿐더러 망할 경우 리스크는 더 크다.

창업·확장 단계에서 많은 이들이 말한다. "페어

런츠 캐피털(부모 자본)이 최고"라고. 이유는 간단하다. 정부지원금 · 은행대출은 심사 · 증빙 · 상환 압박이 크다. 반면 부모 자금은 속도와 심리적 안정을 준다. 물론 간섭과 기대라는 대가가 따르지만 말이다.

정리하면, 동전의 양면처럼 좋은 점과 나쁜 점은 쌍을 이룬다. 내가 할 수 있는 거라곤 멘탈 관리와 경계 설정뿐이다. (TIP: 부모의 관심이 큰 집안과 상향혼을 한다면 출산 타이밍을 전략적으로 고려하라. 손주가 생기면 관심은 분산되고 간섭은 약화된다. 반대로 아이 없는 삶을 확고히 원한다면, 애초에 상향혼 적합도가 낮을 수 있다.)

Key Point

- 상향의 완성은 동반 성장이다. 한 사람의 스펙이 아니라, 둘의 총합이 커질 때 비로소 '성공한 상향혼'이 된다.
- '금수저형'과 '자수성가형' 모두 부와 안정의 대가로 간섭·기대라는 무게가 따른다. 결국 핵심은 멘탈 관리와 경계 설정, 그리고 울타리 안에서 자신만의 균형을 유지하는 일이다.

상향혼의 현실은

'울타리와 간섭의 동시 존재.'

이를 인정하고 선 긋기와 경계 설정으로

균형을 잡아야 한다.

18장

상향혼 이후 주변에 대처하는 자세

상향혼 후, 후회가 남지 않으려면

결혼은 누구에게나 가족과 친구 사이에 크고 작은 심리적 파문을 일으킨다. 하물며 상향혼이라면 그 여파는 훨씬 더 크다. 나는 학교 친구들과 회사 동기들 중에서 가장 먼저 결혼했다. 돌이켜보면 그때의 나는 들떠 있었다. 평생 살아보지 못한 깨끗하고 넓은 아파트, 호화로운 신혼여행, 화려한 예식장, 끝없이 이어진 신혼살림 쇼핑. 그 시절 나는 나도 모르게 잘난 척을 하고 다녔다.

어떤 말을 하고, 어떤 행동을 하는지 자각하지 못한 채 오로지 결혼식 당일만을 향해 달려가고 있었다. 지금 생각하면, 직장에서는 결혼 이야기를 줄

이고, 친구들에게는 청첩장을 전할 때 밥 한 끼라도 더 사며 진심을 나누었어야 했다. 그랬다면 지금처럼 후회가 남지 않았을 것이다.

만일 사회적으로 누구나 부러워할 만한 상향혼을 했다면, 그럴수록 겸손해야 한다. 입을 다물고 있어도 사람들은 이미 알고 있다. 당신이 좋은 집안의 멋진 남성과 결혼했음을, 그리고 여성으로서 누릴 수 있는 최고의 행복을 누리고 있음을.

특히 나의 과거를 지켜봐온 친구나 동료라면, 당신의 변화된 삶과 자신의 자리를 무심코 비교하며 묘한 감정을 품을 수도 있다. 그건 질투나 악의가 아니라 인간이라면 누구나 느낄 수 있는 거리감과 상실감이다.

결혼의 설렘과 행복은 예비 신랑이나 웨딩플래너와 나누라. 친정엄마에게도 과한 자랑은 삼가야 한다. 엄마의 입을 통해 이야기가 친척과 지인에게 전해지면, "딸이 부잣집에 시집갔는데 그 정도도 안 해줘?" 같은 말이 오가고 그 말들은 엄마의 마음에 상처를 남길 수 있다.

딸이 누리는 삶이 엄마의 삶과 너무 달라지면 그 간극에서 오는 외로움과 박탈감을 어머니도 마찬가지로 느낀다.

결국, 사람을 잃지 말라

명심하라. 결혼 직전의 찬란함은 잠시뿐이다. 그 후에는 현실의 무게가 훨씬 더 크다. 그 시기에 당신을 진짜로 위로해줄 사람은 누구인가? 바로 친구, 동료, 가족들이다. 하지만 결혼 준비 과정에서의 무심한 말 한마디, 의도치 않은 자랑과 비교가 그들의 마음을 멀어지게 만들 수 있다.

그렇게 되면 정작 힘든 순간에 곁에 아무도 남지 않을 수 있다. 상향혼을 한 우리가 가져야 할 태도는 단순하다. 겸손하라. 배려하라. 자랑하지 마라. 진짜 품위는 남들 앞에서 드러내는 것이 아니라 조용히 지켜내는 데서 나온다.

주변 사람과의 관계를 지혜롭게 유지한 사람만이 결혼 후에도 따뜻한 위로와 든든한 지지를 받을 수 있다.

Key Point

- 상향혼의 빛은 오래가지 않는다. 그 빛 뒤의 그림자를 미리 생각하라.
- 자랑보다 겸손이 더 큰 우아함을 만든다.

결혼 직전의 찬란함은 잠시뿐이다.

그 후에는 현실의 무게가 훨씬 더 크다.

19장

경제적으로 자립하는 멋진 엄마 되기

신혼 초의 충돌, 상향혼의 압력

꼭 상향혼이 아니더라도 신혼 초 갈등은 피할 수 없다. 몇십 년을 다르게 살아온 두 사람이 한집살이를 시작하면 생활, 식습관, 청소 방식까지 맞춰가는 시간이 필요하다. 상향혼 집안일수록 아기를 빨리 원할 가능성이 높고, 여성에게는 출산을 미룰 '명분'이 부족한 경우가 많다. 결혼 직후엔 집안 간 경제력 격차에서 오는 콤플렉스, 출산·육아 스트레스까지 겹치며 압박이 극심할 수 있다. 남편에게 털어놓으면 '배 부른 소리'로 듣고, 친구들은 공감하지 못한다.

상향혼 후 많은 여성이 약속이나 한 듯 전업 육아

를 맡는다. 결혼 전의 주체성은 일단 멈춘다. 타인의 시선에서 "힘들다"는 말은 사소한 투정처럼 취급된다. 하지만 이 시기에 주저앉지 마라. 남편·시댁 도움 없이도 경제적으로 자립할 수 있는 준비를 지금부터 시작해야 한다.

시간과 정신의 '주권' 되찾기

아이의 학원 라이딩 대기 시간 50분을 숏폼으로 흘려보내지 마라. 카페라떼 대신 스터디카페 시간권을 끊어 책을 읽고 노트에 기입해라. '아이가 어느 정도 자라면 나는 어떤 직업을 가질 수 있을까?'를 상상하며 설계를 시작하라.

나는 10년 동안 내가 할 수 있는 일을 실험했다. 부동산 투자, 운동, 개인 카페 운영, 글쓰기 등. 남들이 20대에 하는 자아탐색을 육아와 병행해 뒤늦게 시작했지만, 흐름은 나쁘지 않았다. 결혼 후 경제적 안정이 생기자 진짜 취향을 탐색할 수 있었고, 아이를 키우며 인내와 시스템 감각을 배웠다.

어릴 적 임대아파트에 살며 '내 명의 집'에 대한 갈망이 컸던 나는, 도서관의 재테크·부동산 책을 모조리 읽으며 공부했고, 직장의 퇴직금을 첫 종잣돈으로 삼았다. 그리고 돌 전 아이를 유모차에 태워 동네를 걷다 모델하우스에 들어가, 원룸 오피스텔을 계약했다. 지하철역이 300m 앞에 있었고, 향후 GTX-B 노선의 정차역이 될 곳이었다. 책에서는 '오피스텔은 비추'라 했지만, 당시 내게 가장 구체적이고 실행 가능한 첫걸음이었다. 1억 3,000만 원에 매입해 1억 5,500만 원에 팔았다. 당시 부동산 경기가 좋아 투자금은 1년 만에 전세금으로 회수했고, 4년 뒤 갭으로 팔았다. 이 과정에서 보수적인 현금 흐름 관리의 중요성을 몸소 배웠다. 그 후에도 소액으로 돌려가며 투자했고, 무엇보다 남편이 꾸준히 생활비를 책임진 덕분에 리스크를 통제할 수 있었다.

동네 엄마들은 늘씬하고 세련됐고, 운동과 브런치가 일상이었다. 나도 잠깐 누려봤다. 그러나 곧 10년 뒤의 나를 상상하며 블로그에 글쓰기, 독서하기, 임장 다니기 등으로 시간을 보냈다. 호황기엔 벌고, 불황기엔 웅크리며 버텼다. 모든 일이 내 뜻대로 흘러가지는 않지만 이제는 어떤 일에도 쉽게 두려워하지 않게 되었고, 남편에게 모든 걸 의지하지 않게 되었다.

당신도 상향혼을 하고 나서 느껴지는 상대적 박탈감에 갇혀 있지 말고, 스스로 잘할 수 있는 일, 좋아하는 일, 해보고 싶었던 일을 마음껏 찾아보길 바란다. 상향혼을 한 이유가 무엇인가? 이제 좀 누리고 살아야 하지 않겠는가? 지난 시간 동안 좋은 배우자를 찾는 데 노력했다면, 앞으로 육아와 가정을 책임지는 약 20년의 시간 동안에는 다른 인생을 준비하길 바란다.

Key Point

- 시간의 주권을 회복하라. 아이 중심의 하루 속에서도 '나의 시간'을 확보해야 한다.
- 누리되, 멈추지 말라. 안정된 지금이야말로 좋아하는 일, 할 수 있는 일을 찾아 20년 후의 나를 설계할 때이다.

지난 시간 동안 좋은 배우자를
찾는 데 노력했다면,
이제는 또 다른 인생을
준비하는 시간을 만들어야 한다.

20장

상향혼이 내게 가져다준 가치

결혼 이후 내 인간관계는 오히려 풍성해졌다. 특히 육아를 통해 만난 친구들과 돈독한 관계를 유지하고 있다. 흔히 "성인이 되면 진짜 친구 사귀기 어렵다"고 하지만, 나는 그 반대였다. 가난하고 예민하던 학창 시절보다 지금 더 다양한 사람과 따뜻하게 소통하는 시간을 보낸다. 새로운 사람을 만나는 즐거움을 누리는 것. 이것이 결혼 후 내 삶의 가장 큰 변화다.

대학생 때는 늘 아르바이트로 바빠서 동아리·사회활동을 거의 하지 못했다. 그 시기 나의 기쁨은 자기계발서를 읽는 일이었다. 도서관 대출 기간 2주, 최대 7권을 꼬박 채워가며 편입 후 취업 전까지 꾸준히 읽었다. 부자가 되고 싶었던 나는 저축·

주식·부동산·경매 책을 파고들었고, 평일에는 보험회사 사무보조를 하며 금융 전반에 관심을 넓혔다.

결혼 후에는 독서로만 접하던 것들을 실전 투자로 옮겼다. 처음 부동산에 투자했을 때의 전율을 지금도 잊지 못한다. 처음 내 이름으로 된 등기권리증을 받았을 때 그 기쁨은 말로 표현할 수 없을 정도였다.

시대가 변하면서 꿈을 이루는 경로도 다양해졌다. 어린 시절 꿈은 연극배우였지만, 지금은 유튜브로 대중 앞에 서고, 라이브커머스에 출연해 쇼호스트를 경험하고 있다. 외향적이고 도전을 좋아하는 내 성향이 경제적 여유를 발판 삼아 더 큰 자유로 확장되고 있다. 그리고 요즘은 글쓰기에 온전히 집중하게 되었으며 운 좋게도 이렇게 책을 쓰고 있다.

결혼 전부터 나를 알던 사람들은 하나같이 말한다. "더 예뻐졌다, 여유가 보인다, 마음이 편안해 보인다."

안정은 얼굴과 말투, 선택과 행동에 자연스럽게 품격을 더한다. 결혼은 인생을 바꾸는 중요한 결정이다. 결혼은 꿈을 포기하는 선택이 아니라, 꿈을 확장하는 방식이 될 수 있다. 안정은 가능성을 열고, 가능성은 도전을 부른다. 온 힘을 다해 상향혼에 몰두하라. 안정적인 삶은 당신의 인생을 성장시킨다.

Key Point

- 상향혼은 정서적 안정과 사회적 확장, 그리고 자아실현의 확장을 가져다준다.

온 힘을 다해 상향혼에 몰두하라.

안정감이 당신을 바꾼다.

상향혼은 곧 '집짓기'다

어린 시절, 내가 가장 부러워했던 것은 화장실이 두 개인 집이었다. 그 시절 아버지들은 집 안 화장실에서 담배를 피웠고, 그 직후 그 공간을 써야 하는 일은 어린 나에게 작은 고통이었다. "우리 집에도 화장실이 하나만 더 있었더라면…" 그 단순한 바람이 자라서 넓은 집과 쾌적한 삶은 아주 어릴 때부터 내 꿈이 되었다.

지금 나는 단독주택을 짓고 있다. 땅을 사고, 설계사를 만나고, 시공사를 고르며 지난 1년을 통과해왔다. "집을 지으면 10년은 늙는다"는 말이 있다. 왜 이런 말이 생긴 것일까?

집을 짓다 보면 수많은 이해관계자와 부딪힌다. 부동산 중개인, 은행, 건축사, 감리, 현장소장, 각 공정의 기술자들, 그리고 함께 살 사람인 배우자까지. 예산, 일정, 품질, 취향이 동시에 움직이며 충돌한다.

이 모든 과정을 지나오면 세상을 보는 눈이 바뀐다. 세상은 통제할 수 있는 대상이 아니라 내가 함께 '조율'해 가야 하는 대상임을 깨닫는다. 그리고 그 과정에서 10년 치의 성숙이 한 번에 찾아온다. 10년은 곧 '사람이 달라지는 시간'인 것이다.

돌아보면, 상향혼도 집짓기와 닮아 있다. 결혼 전의 '나'와 결혼 후의 '나'는 완전히 다르다. 땅을 고르듯 가치관의 기반을 세우고, 구조를 설계하듯 나라는 브랜드를 정리하며, 시공하듯 관계와 신뢰를 쌓는다. 그리고 준공검사처럼 주변의 검증과 시선을 통과해야 한다.

뿐만 아니라 사용승인을 받고 실질적인 '주거'가 시작되듯, 결혼 후에도 타협과 소통으로 관계를 유지해야 한다. 집짓기가 사람을 바꾸듯 상향혼도 사람을 바꾼다. 그리고 그 변화는 '완공'이 아니라 '진행 중'인 상태로 평생 이어진다.

상향혼의 과정을 집짓기에 빗대어 다시 알아보자.

1단계: 토지 구매. 그 땅은 바로 '나 자신'이다

집을 짓기 위해서는 먼저 땅이 필요하다. 땅을 산다는 건 곧 기초를 세우는 일이고, 상향혼에서 그 기초는 바로 '나 자신'이다. 좋은 땅을 고르듯 나 자신을 가꾸어야 한다. 평평한 땅은 외모, 입지는 스펙에 비유할 수 있다.

평지는 포크레인으로 얼마든지 다질 수 있다. 즉, 외모는 타고나는 게 아니라 노력으로 정비할 수 있는 영역이다. 남성이든 여성이든 건강하고 균형 잡힌 몸을 선호한다. 그러니 BMI 지수 10 이상, 즉 '키(cm) - 110 = 적정 체중' 정도로 관리하라.

결혼 직전의 나는 168cm에 56kg이었고, 골격이 가늘어 실제보다 더 날씬해 보였다. 이처럼 기초 체력과 외모 관리는 '평지로 땅을 만드는 과정'이다. 삼십대 중반이 넘으면 살 빼는 게 정말 어렵지만, 그래도 해야 한다. 왜냐하면 나는 집을 지어야 하니까. 그 집이 무너지면 상향혼의 기반도 무너진다.

입지, 즉 스펙은 단기간에 바꿀 수 없다. 학벌이나 사회적 배경은 하루아침에 바뀌지 않는다. 지금 당장 할 수 있는 건 외모·태도·생활습관처럼 지금 다질 수 있는 땅을 다지는 일이다.

2단계: 설계. 나 자신을 상향혼에 어울리게 디자인하라

외적인 호감의 기본을 갖췄다면, 이제는 설계 단계다. 설계란 단순히 예쁜 집을 그리는 게 아니라, 나 자신을 어떤 사람으로 완성할 것인지 계획하는 일이다. 나의 내면과 삶의 구조가 그 상향혼 상대자와 어울릴 수 있어야 한다.

예를 들어, 상향혼 상대자가 의사라면 그는 10년 넘게 공부하며 전문성을 쌓은 사람이니 나는 의사가 할 수 없었던 다른 영역의 깊이를 만들어야 한다. 그것이 꼭 학문일 필요는 없다. 외국어, 예술, 글쓰기, 혹은 인간관계의 감각이라도 좋다. 상향혼은 대등함의 균형 위에서 비로소 작동한다.

집 안에 아무것도 없는 원룸보다 작은 소파, TV, 침대가 갖춰진 공간이 훨씬 따뜻하게 느껴지듯이, 나도 상대에게 그런 집처럼 느껴져야 한다. 비어 있지 않은 사람, 준비된 사람, 대화가 통하는 사람. 그게 바로 설계의 목적이다.

3단계: 시공사 선택. 상향혼의 '통로'를 정하라

집을 잘 짓기 위해서는 시공사를 신중히 골라야 한다. 상향혼의 시공사는 그 사람을 만나는 '경로'다. 온라인 커뮤니티, 취미 모임, 결혼정보회사 등 수단은 다양하다. 어떤 길을 택하든 세상을 보는 눈이 먼저다. 신문을 읽고 뉴스를 챙겨보고 자본의 흐름을 이해하라. 자본의 방향을 읽는 눈은 곧 사람의 안목과 연결된다.

현실적으로 상향혼을 노린다면, 큰 조직에 몸담는 것도 방법이다. 대기업, 공기업, 안정적인 네트워크 속에서 다양한 사람을 만나게 되고 관계를 관찰하는 능력이 길러진다. 그 조직이 힘들더라도 버텨라. 그곳은 돈을 버는 곳이자 기회를 만나는 무대다. 그 안에서 맡은 일에 최선을 다하며 '자신의 가치를 증명하는 사람'으로 남아야 한다.

4단계: 준공검사. 진짜 상향혼 상대를 판별하라

상향혼의 준공검사는 상대 검증 과정이다. 겉만 번지르르한지, 내실이 있는 사람인지 반드시 확인하라. 같은 조직이나 생활권 안에서 만나는 게 유리한 이유도 여기에 있다. 상향혼은 단지 물질의 상승이 아니다. 인품의 상승이 함께해야 오래 간다.

결혼은 하루의 이벤트가 아니라 매일을 함께 버텨야 하는 현실이다. 그러므로 '나보다 인격적으로 성숙한 사람인가'를 꼭 점검하라.

부모의 배경도 살펴야 한다. 부모의 경제력이 곧 아들의 경제 안정성을 의미하기도 한다. 단, 부자 부모가 곧 좋은 배우자를 만든다는 뜻은 아니다. 또한 자수성가형이라면 자기 보상심리가 강할 수 있고, 그만큼 이해와 인내가 필요하다는 사실은 알아둬야 한다.

5단계: 사용승인. 진짜 '삶'을 시작하는 단계

많은 사람이 집짓기의 끝을 준공검사라고 생각하지만, 진짜는 사용승인이다. 집이 실제로 사람이 살 수 있는 상태가 되었는지 확인하는 절차다. 상향혼도 마찬가지다. 결혼은 '완성'이 아니라 '생활의 시작'이다.

결혼은 서로의 집에 '타인을 들이는 일'이다. 그러니 지금 상향혼 상대자가 옆에 없다고 해서 퍼져 있거나 방심해서는 안 된다. 항상 준비된 상태, 집을 짓는 과정을 성실히 이어가는 모습을 보여라. 상향혼 상대자는 이미 완성된 집을 찾는 사람이 아니라, 성장하고 있는 집의 가능성을 보는 사람이다.

결국 결혼은 단 한 사람과의 거래다. 집을 팔 때 수백 명이 아니라 단 한 명의 마음에만 들면 되듯, 단 한 사람에게만 사랑받으면 된다. 그러니 아무나 만나지 마라. 순간의 외로움 때문에 자신을 소모하지 마라. 나는 그 모든 과정을 견디며 스스로를 가치 있게 만들어온 사람임을 기억하라. 나의 시간과 노력, 그리고 공든 탑을 절대 허투루 쓰지 마라.

에필로그

이제 엄마에게
드라마를 선물할 차례

나는 행복을 스스로 설계하는 사람이다. 원하는 것을 얻기 위해 움직이는 사람에게 세상은 반드시 기회를 준다고 믿는다. 그래서 나는 나의 욕망을 숨기지 않는다.

열네 살, 처음으로 '가난'을 자각한 순간부터 나는 부자와 결혼하기를 꿈꿨다. 그때 장래희망을 중동 항공사 승무원으로 정한 이유도 단순했다. 두바이 왕자와 결혼하고 싶었기 때문이다.

어린 마음이 세운 목표였지만, 그 목표를 향해 계획하고 실행하는 법을 그때 처음 배웠다. 성적은 그다지 좋지 않았지만, 책은 누구보다 많이 읽었다. 책 속 세계에서 '가난'은 주인공을 단단하게 만드는 장치였고, 나는 이야기 속 인물들을 통해 버티는 법과 나아가는 법을 익혔다.

형편이 넉넉지 않던 어느 날의 기억이 아직도 또렷하다. 중학생이던 나에게 엄마는 전집을 사 주고 싶어 하셨다. 우리는 일반 서점 대신 청계천 중고책방 거리를 찾았다. 유리장 안에 놓인 양장본 세계문학 전집이 눈에 들어왔다. 새것처럼 반짝였지만, 가격은 엄마의 예상을 훌쩍 넘었다.

서점 주인의 안쓰러운 눈빛, 엄마의 망설임, 그리고 나의 숨죽임. 그 공기를 지금도 생생히 기억한다. 결국 그 전집은 내 손에 들어왔다. 엄마가 그날 사 주신 책 세트는 "꿈은 이룰 수 있다"는 믿음이었다.

어려운 형편 속에서도 엄마는 나를 키웠고, 그녀의 유일한 취미는 드라마였다. 나는 언젠가, 엄마가 내가 만든 드라마를 보며 웃을 수 있기를 바란다.

공짜로는 알 수 없는 상향혼 비법

초판 1쇄 인쇄 2025년 11월 11일
초판 1쇄 발행 2025년 11월 18일

지은이 이승주
발행인 선우지운

편집 허유진
표지디자인 공중정원
본문디자인 김민주
제작 예인미술
출판사 여의도책방

출판등록 2024년 2월 1일(제2024-000018호)
이메일 yidcb.1@gmail.com
ISBN 979-11-994422-8-3 (03190)

* 저자와 출판사의 허락 없이 내용의 일부를 인용하거나 발췌하는 것을 금합니다.
* 잘못되거나 파손된 책은 구입한 서점에서 바꿔드립니다.
* 책값은 뒤표지에 있습니다.